圖解心經

作者●張宏實

罣礙無罣礙故無有恐怖遠離一切顛倒夢想

想究竟涅槃三世諸佛依般若波羅蜜多故

心得稱多羅三藐三菩提故知般若波羅蜜

多是大神咒是大明咒是無上咒是無等等

咒能除一切苦真實不虛故說般若波羅蜜

多咒即說咒曰

揭諦揭諦 波羅揭諦

波羅僧揭諦

菩提薩婆訶

九仁十二辛丑神寒日

心經

觀自在菩薩 行深般若波羅蜜多時 照見五
蘊皆空 度一切苦厄 舍利子 色不異空 不
異色 色即是空 空即是色 受想行識 亦
復如是 舍利子 是諸法空相 不生不滅 不垢不淨
不增不減 是故空中無色 無受想行識 無眼
耳鼻 舌身意 無色聲香味觸法 無眼界 乃至
無意識界 無無明 亦無無明盡 乃至無老死
亦無老死盡 無苦集滅道 無智亦無得

日本空海的「破體心經」
空海（774-835），人稱「弘法大師」，是日本真言宗的祖師，也是有名的藝術家、書法家和詩人。空海曾以密教立場來闡述心經的顯義與密義，見解獨到。此幅心經打破一書一體的原則，以草書、隸書、楷書、行書等多種書體混合寫成，稱為「破體心經」。空海的書法神祕而瑰麗，彷彿是一幅心經曼陀羅。

般若波羅蜜多心經

唐三藏法師玄奘譯本

觀自在菩薩。行深般若波羅蜜多時。照見五蘊皆空。度一切苦厄。舍利子。色不異空。空不異色。色即是空。空即是色。受想行識亦復如是。舍利子。是諸法空相。不生不滅。不垢不淨。不增不減。是故空中。無色。無受想行識。無眼耳鼻舌身意。無色聲香味觸法。無眼界。乃至無意識界。無無明。亦無無明盡。乃至無老死。亦無老死盡。無苦集滅道。無智亦無得。以無所得故。菩提薩埵。依般若波羅蜜多故。心無罣礙。無罣礙故。無有恐怖。遠離顛倒夢想。究竟涅槃。三世諸佛。依般若波羅蜜多故。得阿耨多羅三藐三菩提。故知般若波羅蜜多。是大神咒。是大明咒。是無上咒。是無等等咒。能除一切苦。真實不虛故。說般若波羅蜜多咒。即說咒曰。揭諦揭諦。波羅揭諦。波羅僧揭諦。菩提薩婆訶。

佛陀的弟子絕大多數是不識字的

佛陀說法時用的是弟子能懂的語言，而非貴族或知識份子語言

佛陀宏法時不在乎使用何種形式，有效則用之

佛陀也鼓勵弟子為他人說法時要用普通話

「圖解心經」希望靈活運用圖繪、表解與文字的方式

詮釋這部字數最少、閱讀人口最多的古老經典

圖繪比純文字敘述更能清楚表達經典裡的濃縮義理

表列可以比文字更能說明、比較佛法概念的發展與變化

特別是「般若」、「涅槃」等佛法獨有的概念

文字的線性特質，往往限制了讀者的思考的脈絡與順序

如果用圖繪來傳達，豈不更立體與清楚

圖解書給了編輯更多元的工具去傳播知識

也給了讀者新的閱讀經驗與思考方式

佛陀用八萬四千法門幫助眾生成佛

圖解心經則嘗試以更立體的方式轉述佛陀的法義

目錄

part 1 .... 先賭爲快！基礎 19 問

_{part}**2**..........逐句解經：詳解 53 句經文

part 3..........追根究底！進階 15 問

讀懂《心經》的四個關鍵

【關鍵1】關鍵佛法詞彙的學習
【關鍵2】掌握關鍵詞彙的梵語原義
【關鍵3】讀《心經》略本，也要讀廣本
【關鍵4】掌握《心經》的修學次第：文字般若→觀照般若→實相般若

《般若波羅蜜多心經》，簡稱《心經》，全經只有260個字，是佛教大乘典籍中，文字最短少，卻最深奧微妙的經典。這部簡短的經廣受世人喜愛，在佛教道場裡，從日常課誦到大小佛事，無不念誦此經。然而，誦念者雖多，但是能真正了解義趣的人卻很有限。關鍵原因在於這是一部經過萃取，濃縮度極高的經，它精簡闡述**五蘊、三科、四諦、十二因緣、十八界**等皆空的佛教核心義理，最後歸於無所得，且認為「般若」能度一切苦厄，達到究竟涅槃與證得菩提的境界，清楚傳達給人們獲得真正解脫智慧的修學次第。

關鍵 **1** 關鍵佛法詞彙的學習

要能真正地了解《心經》，關鍵佛法詞彙的認識是非常重要的。因為有了這樣的基礎認識，才能進一步探索《心經》的義理。因此，本書的首要目的是帶領讀者透由認識佛法最根本、最重要的名詞，去體會《心經》世界。**特別是讀者若能回歸到這些詞彙原始梵文語義的認識，將會對《心經》有一番新的體認。**而更重要的是，有了這些佛學基礎知識之後，往後更容易閱讀其他的佛教經典。因此，在本書裡，對於《心經》所提及的關鍵佛法詞彙，特別開闢「梵語學習」的小欄目，提醒讀者了解原始字義。對初學者來說，整部心經所要認識的關鍵詞彙並不超過二十個。

萃取《大般若經》的精華

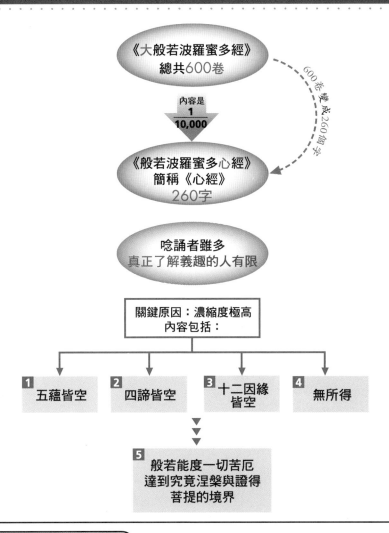

《大般若波羅蜜多經》
總共600卷

內容是
$$\frac{1}{10,000}$$

600卷 變成 260個字

《般若波羅蜜多心經》
簡稱《心經》
260字

唸誦者雖多
真正了解義趣的人有限

關鍵原因：濃縮度極高
內容包括：

1 五蘊皆空　　**2** 四諦皆空　　**3** 十二因緣皆空　　**4** 無所得

5 般若能度一切苦厄
達到究竟涅槃與證得
菩提的境界

「梵語學習」小欄目

梵語學習

sunya 空
❶ 一切事物的現象都有各自的因緣，並無實體的概念。
❷ 等於英文 empty

rupa 色
❶ 一切有形象或是佔有空間的物質。
❷ 等於英文 form or thing

關鍵 2 掌握關鍵詞彙的梵語原義

玄奘譯本的優、缺點

玄奘的漢譯本是我們最熟悉的《心經》譯本，其文辭簡潔優美，容易朗誦記憶，常被選作入門的佛經。玄奘在此經裡，充分展現了中國文學的優美簡練和文字意境。這是許多古典經文的特色與優點，但比較可惜的是，某些梵語意思未被完整地表達出來。不過這並非玄奘譯得不好，而是不同語言經過轉譯，可能會遺失掉某些語義，這是常見的事。所以除了要有深厚的中文基礎，也必須有足夠的梵語知識，才能完整掌握經文的正確概念而不會有所遺漏。也因此，**學習梵語成為了解經文原始意義的有效途徑之一**。近百年來，無論東、西方的佛學研究專家，都紛紛投入梵語的學習，視了解梵語為掌握佛學的基礎。

孔茲譯本成功地呈現出梵語原義

既然學習梵語成為了解經文原始意義的有效途徑，無論你現在懂不懂梵文，筆者極力推薦孔茲（Edward Conze）的英譯本《心經》，這是由梵語《心經》直接譯成英文，很值得閱讀。該譯本請見本書第 241 頁。為何孔茲的英譯本《心經》值得閱讀呢？因為他忠實地呈現梵語原意。**特別是梵文裡的被動語態，和「主體」與「客體」之間的邏輯概念，這在中文是很難表達清楚的，但在孔茲的英文裡都完整保留、呈現。**例如：「舍利子！是諸法空相，不生不滅，不垢不淨，不增不減。」孔茲譯出的梵語原意是：「一切的諸法都具備了空的特性。它們沒有被生起，也沒被止滅。沒有被污染，也沒有不潔淨。沒有缺陷，也沒有完美（圓滿）。」很明顯的，「諸法」的相狀都是採用「被動式」來描述。如此關鍵而且重要的概念並不被中文譯版表達出來。

孔茲英文譯經舉例（一）

呈現梵語裡的被動語態

舍利子！是諸法空相，不生不滅，不垢不淨，不增不減。（玄奘譯文）

Here, O Sariputra all dharmas are marked with emptiness ;they are not produced or stopped, not defiled or immaculate, not deficient or complete. （孔茲譯文）

舍利子！是諸法空相

Here, O Sariputra all dharmas are marked with emptiness

一切的諸法都具備了空的特性

不生不滅

they are not produced or stopped

它們沒有被生起，也沒被止滅

不垢不淨

not defiled or immaculate

沒有被污染，也沒有不潔淨

不增不減

not deficient or complete

沒有缺陷，也沒有完美（圓滿）

孔茲譯文：
「諸法」的相狀採用
「被動式」來描述。

玄奘譯文：
「不生不滅、不垢不淨、
不增不減」完全看不出
是被動語態！

孔茲英文譯經舉例（二）

觀自在菩薩，行深般若波羅蜜多時，照見五蘊皆空。（玄奘譯文）

Avalokita, The Holy Lord and Bodhisattva, was moving in the deep course of the Wisdom which has gone beyond. He looked down from on high. He beheld but five heaps, and he saw that in their own-being they were empty. （孔茲譯文）

孔茲譯文：
"was moving in the deep course" 以過去進行式時態，表達當時觀自在菩薩正處於甚深修行狀態。

Avalokita, The Holy Lord and Bodhisattva, was moving in the deep course of the Wisdom which has gone beyond.

觀自在菩薩，行深般若波羅蜜多時

觀自在！這位神聖的尊者與菩薩，當時正在進入超越的智慧的甚深修行狀態之中。

but強調：
正是那...、僅有那...、就是那...

孔茲譯文：
1.此句採過去式時態。
2.句中的"in their own-being"是複數所有格，表達出「五蘊的本質」的意思。

He looked down from on high. He beheld but five heaps, and he saw that in their own-being they were empty.

照見五蘊皆空

祂由高處往下看，確切地觀照到五蘊，也觀照出它們的本性是空的。

their own-being 意思是他們(五蘊)所擁有的本性(自我、存在)
加上「-」是轉化成專有名詞，強調「狀態」

that 說明：
「就是在那個當下」，或說「正在那個情況下」

（這些在中文是看不到的，但卻是體會心經深層概念的關鍵之處。）

孔茲英文譯經舉例（三）

注重字詞翻譯的精準性

心經的經文	梵語	孔茲翻譯	玄奘翻譯	張宏實的分析
❶ 受想行識	Samjna	Perceptions	想	感官意識（六識中的「眼耳鼻舌身」）
說明：受想行識的「想」，梵語是 samjna，孔茲譯為 perceptions，牛津字典意思是 ability to see, hear or understand，中文意思是：（1）感知能力（2）感知看法，相當於感官意識，也就是六識中的「眼耳鼻舌身」。					
❷ 受想行識	Vijnanam	Consciousness	識	感官意識（六識中的「眼耳鼻舌身」） ＋ 心理意識（六識中的「意」）
受想行識的「識」，梵語是 vijnanam，孔茲譯為 consciousness，也就是「意識」，既包含了感官意識（六識中的「眼耳鼻舌身」），也包括心理意識（六識中的「意」）。					
❸ 無智亦無得	Jnanam	Cognition	智	感官意識（六識中的「眼耳鼻舌身」） ＋ 心理意識（六識中的「意」） ＋ 直覺的認知
無智亦無得的「智」又更寬廣了，梵語 jnanam，孔茲譯為 cognition，牛津字典意思是 ability to acquire knowledge: the mental faculty or process of acquiring knowledge by the use of reasoning（理解）, intuition（直覺）, or perception（感官的知覺）. 中文意思是：認識的能力：透由理解、或直覺，或感官所得的認知。所以此「智」包含：分析的認知、直覺認知與感官的認知。					
❹ 阿耨多羅 三藐三菩提	Bodhi	Enlightenment	菩提	開啟心中與生具有的潛能
無上正等正覺的「覺」，梵語 bodhi，孔茲譯為 enlightenment，而 Encarta ® World English dictionary 對 enlightenment 的解釋是 the realization of spiritual or religious understanding, or, especially in Buddhism, the state attained when the cycle of reincarnation ends and human desire and suffering are transcended，在這裡，enlightenment 的中文意思有：（1）啟迪、啟發、啟蒙（2）開導，有開啟心中與生具有的潛能的意思。					
❺ 心無罣礙	Cittavarana	Thought	心	思惟分別
心無罣礙的「心」，梵語作 citta，孔茲譯為 thought，中譯（1）思索（2）思維的能力（3）思考的過程。					

因此，提醒讀者，閱讀梵、英佛典時，一定要隨時警覺注意詞句中對於下列四個狀態的表達：

❶ 主動與被動語態

❷ 主體與客體的關係

❸ 進行式與完成式時態

❹ 單數或複數的名詞，甚至集合名詞

孔茲是近代著名的「般若經」專家，通曉包括梵語、藏語、巴利語等十四種語言。平心而論，孔茲《心經》對於梵語語義表達的準確度肯定不輸玄奘，甚至超越他。但兩人的時空背景相差了一千三百年，孔茲擁有的知識量與交通便利度遠遠超越玄奘的年代，因此，拿兩人來比較並不公平。不過我們所關心的是孔茲所擁有的優勢，在現代有英語基礎的讀者也同樣擁有。**沒有學過梵語的讀者，仍可透由現代英文精準的翻譯，來探索梵語原意。**

今天，透過網路，能協助我們跨越梵、英、漢語等不同語言限制而讀經的便利工具至少有三種：

❶ **梵、漢、英電腦辭典**：能協助我們間接學習梵語，直指經文的原始意義。例如：香光資訊網的佛教字辭典。

❷ **現代英文佛經譯本**：認識現代英文精準的翻譯模式，如孔茲的梵、英佛經。例如：大乘佛典英譯資料庫。

❸ **漢語佛經資料庫**：體驗古典經文的中文優美詞句。例如：CBETA中華電子佛典協會。

在此特別說明，梵語拼音系統有多種表現方式，涉及細微的發音差異，本書所採用的是讓沒有學過梵語的人能容易唸誦的拼音標示。

善用現代讀經工具

孔茲所擁有的優勢，在現代有英語基礎的讀者也同樣擁有。沒學過梵文的讀者，仍可透由現代英文的精準翻譯，來探索梵語原意。

梵漢英電腦辭典

間接學習梵語，直指經文的原始意義

香光資訊網的佛教字辭典

網址：
http://www.gaya.org.tw/library/b-ip/dictionary.htm

現代英文佛經譯本

選擇翻譯精準的梵英佛典

Mahayana Buddhist Sutras in English
(大乘佛典英譯資料庫)

網址：
http://www4.bayarea.net/~mtlee/

漢語佛經資料庫

體驗古典經文的中文優美詞句

CBETA
中華電子佛典協會

網址：
http://www.cbeta.org/index.htm

讀《心經》略本，也要讀廣本

廣本的重要意義

研讀《心經》時，若能將廣本配合略本來理解，如此能有更全面、正確地認識它。

什麼是略本與廣本呢？略本即是玄奘的譯本，為了方便流通，直接切入主題探討，而省略序分與流通分的部分文字。廣本即是包括序分、正宗分與流通分，完整敘述《心經》說法現場的來龍去脈。

許多人可能會以為經文中所說的：「觀自在菩薩，行深般若波羅蜜多時，照見五蘊皆空，度一切苦厄」，只是觀自在菩薩本身的行境，與初學者的修學毫無關連。這是因為在略本裡並無問答的緣起，所以才有這樣的誤解。若閱讀廣本《心經》，就會有清楚的面貌。關鍵答案就在序分裡的「釋尊入三昧定」，以及流通分裡的「釋尊出三昧定」，兩句話，**透露出「禪定觀修」是整部心經實踐的關鍵**，這已是超越「領悟心經義理概念」的層次。請讀者要慢慢體會。

不可忽略密教的觀點

該如何進一步體會呢？《心經》裡相關名相與義理的學習都是「文字般若」，如能透徹這些概念思想，是有機會體悟「世俗諦」（世間的真理）的。但若想要領悟「勝義諦」（宇宙究竟實相），必須對廣本所說的「三昧定」有具體實踐與心靈體悟，如此才可能更進一步到達「實相般若」的境界。這也就是說不可忽略從文字般若到達實相般若之間的「觀照般若」。

有關三昧定的禪定觀修，觸及《心經》的實踐層面，這點在密教裡有其獨特的表現，這部分請仔細閱讀本書第三部分「追根究柢」裡，達賴喇嘛、空海大師與東初老人三人，如何從顯義到密義層層剖析《心經》與《心經》咒語。這部分就是《心經》實踐的修學次第所在。

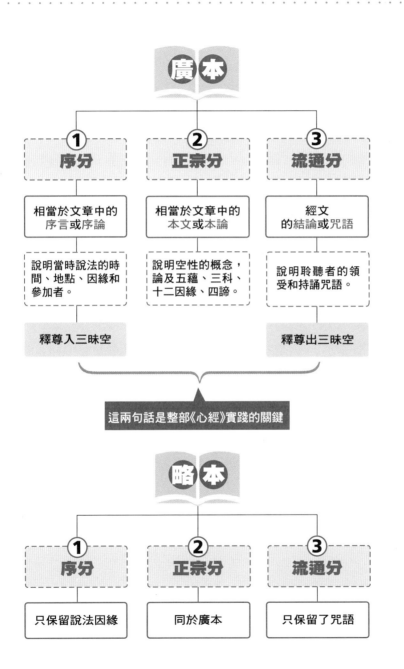

廣本

① 序分
② 正宗分
③ 流通分

相當於文章中的序言或序論

相當於文章中的本文或本論

經文的結論或咒語

說明當時說法的時間、地點、因緣和參加者。

說明空性的概念，論及五蘊、三科、十二因緣、四諦。

說明聆聽者的領受和持誦咒語。

釋尊入三昧空

釋尊出三昧空

這兩句話是整部《心經》實踐的關鍵

略本

① 序分
② 正宗分
③ 流通分

只保留說法因緣

同於廣本

只保留了咒語

掌握《心經》的修學次第：
文字般若→觀照般若→實相般若

《心經》的次第——即達到佛陀境界的方法——先是由「文字般若」開始。其過程是透過閱讀、唸誦和思惟的方式去領會經文的義理。本書提供了七個漢譯典籍的比較，也呈現近代重要的兩個英譯本——穆勒與孔茲的譯本。為了充分理解文字的知識，我們細心整理梵語詞彙的字根意譯，期盼讀者能藉此展開下一個全新的觀照層面。

在達到佛陀境界之前，一切法都不能離開「觀照」，其重要性不亞於閱讀經文，它是透過精神集中的方式達到很高的精神意識之下，進而追求「觀照般若」。在這個階段，認真地唸誦咒語是不可忽略的，**透過咒語可以幫助禪修者進入意識集中與專注的狀態**，難怪空海大師和達賴喇嘛都嚴肅看待心經咒語「揭諦揭諦，波羅揭諦，波羅僧揭諦，菩提薩婆訶」。

修行者隨著觀照功夫日漸深進，常住於三昧定的狀態，終將達到《心經》所謂的「照見五蘊皆空」。提醒讀者，**「照見」並非大腦神經的視覺功能，而是集中心力不透由任何媒介直接觀照**，如此持續安住在專注於一的直觀狀態之下。

無論是「文字般若」或「觀照般若」，我們都認真地為讀者整理，試圖成為一本重新閱讀《心經》最適切的工具書。閱讀與觀照是學佛成道的重要途徑，兩者是修持成就與明心見性的關鍵。期盼大家除了誦讀《心經》之外，也能有機會體認《心經》首句「觀自在菩薩，行深般若波羅蜜多時」的「行深」二字的深義。■

行深──禪定觀修的重要

文字般若		觀照般若		實相般若
《心經》相關名相與義理的學習		「三昧定」的具體實踐與心靈體悟		達到究竟涅槃與證得菩提的境界

實踐比理解更重要

心經的實踐──三昧定的禪定觀修──在密教裡有獨特的表現。這部份請仔細閱讀達賴喇嘛、日本空海大師以及東初老人三人如何從顯義到密義層層剖析心經以及心經咒語。

這部份就是心經實踐的修學次第所在。

日本空海〈心經密鍵〉	東初老人《心經思想史》	達賴喇嘛《心經的本質》
以密教的立場由顯義至密義論述心經	推斷出《心經》與密教的緊密關係	說明《心經》隱含漸修道生起次第與圓滿次第的甚深密意

十個《心經》版本的特色比較

兩個重要略本的特色比較

❶ 《摩訶般若波羅蜜大明咒經》姚秦·鳩摩羅什譯（402-412）

❷ 《般若波羅蜜多心經》唐·玄奘譯（649）

【推薦分析】

● 出現於魏晉南北朝，由鳩摩羅什所譯的《心經》，可說是《心經》最早的版本，雖然它並無唐代玄奘譯本語調順暢、容易誦讀的優點，但兩者內容幾乎相同。

● 兩個版本的明顯差異是，鳩摩羅什的譯本在「正宗分」**多了一段強調「相狀」的段落**：「舍利弗！色空故無惱壞相，受空故無受相，想空故無知相，行空故無作相，識空故無覺相。何以故。」有關「相狀」的描述，與鳩摩羅什所譯的另一部經《金剛經》表現方式近似，可相互呼應。

五個重要廣本的差異

❶ 《普遍智藏般若波羅蜜多心經》唐·法月重譯（739）

❷ 《般若波羅蜜多心經》唐·般若共利言等譯（790）

❸ 《般若波羅蜜多心經》唐·智慧輪譯（約860）

❹ 《般若波羅蜜多心經》（燉煌石室本）唐·法成譯（856）

❺ 《佛說聖佛母般若波羅蜜多經》宋·施護譯（980）

【推薦分析】

● 先說 ❶ 法月譯本，在「序分」裡詳述此經的緣起，**細膩呈現分段的場景動作**，值得讀者逐字閱讀，體會其中的過程。

● ❷ 般若與利言共譯的譯本，不僅在正宗分保持略本簡潔易誦的特質，序分與流通分等處同樣維持能朗朗上口的優點。

● 這五個譯本的重要性在於「三昧定」的描述，除了 ❶ 法月譯本必讀之外，在其他四個版本中，不妨取其一、二譯本來閱讀，肯定有助於

了解三昧定更清楚的相貌。

● 多本比對能幫助概念的澄清。例如「無智亦無得」，在 ❸ 智慧輪譯本寫著「無智證無得」，而 ❹ 法成譯本是「無智無得，亦無不得」，兩者對「無所得」的概念是更為清晰與寬廣的。本書最後，將兩個略本和五個廣本的經文分段比對，製作成大表格，供讀者參考。

三個近代英譯本的特點

❶ 穆勒譯本（1884）
穆勒首度將梵文《心經》以天城體與羅馬拼音譯本呈現給歐美世界，他的譯本有著重要的歷史地位。

❷ 孔茲譯本（1967）
二十世紀西方研究般若經典最出色的學者孔茲，研究並翻譯了略本梵文《心經》，這是非常精確的英文譯本。

❸ Geshe Thupten Jinpa 譯本（2002）
達賴喇嘛在所著《心經的本質》（*Essence of the Heart Sutra, Wisdom Pulications, Boston, 2002*）一書中，使用了 Geshe Thupten Jinpa 所譯的藏譯英《心經》，是最新且重要的英文譯本。

【推薦分析】

● 這三個譯本首推 ❷ 孔茲譯本。孔茲是語文天才，他的英文翻譯用字精確，能忠實呈現梵語原義，**對於想真正了解般若思想的讀者，一定要逐字思考閱讀，才能領略此譯本的優秀之處。**

● 至於 ❶ 穆勒譯本，內容近似於玄奘譯本，簡單易讀是其特性。

● 達賴喇嘛《心經的本質》（*Essence of the Heart Sutra*）一書所採用的 ❸ 藏英譯本，對於藏傳佛教的信眾應是個很好的選擇。譯者 Geshe Thupten Jinpa 參考孔茲譯本，同樣具備嚴謹精確的優點，值得推薦。此書在台灣中文版譯為《達賴喇嘛談心經》，由圓神出版社出版。

讀者若欲詳讀本文所介紹的十個《心經》譯本的經文，請詳見本書附錄第 232-245 頁。■

色不異空　空不異色　色即是空　空即是色　受想行識　亦復如是　舍利子　是諸法空相　不生不滅　不垢不淨　不增不減　是故空中無色　無受想行識　無眼耳鼻舌身意　無色聲香味觸法　無眼界　乃至無意識界　無無明　亦無無明盡　乃至無老死　亦無老死盡　無苦集滅道

Part 1

先睹爲快

基礎19問

1

「般若波羅蜜多心經」這八個字該怎麼唸？

《般若波羅蜜多心經》是中國人最常見的佛經之一，也最常被選作入門的佛教經典。但是有許多人卻無法正確唸出經名的這八個字，你怎麼唸呢？

◎ 正確的斷讀是「般若‧波羅蜜多‧心‧經」

先說「般若波羅蜜多心經」這八個字該怎麼斷讀呢？正確的斷讀是「般若‧波羅蜜多‧心‧經」。

其次，這八個字該怎麼唸？它們所指的又是什麼意思呢？「般若」是梵語Prajna的音譯，唸成ㄅㄛ‧ㄖㄜˇ，意思是「智慧」。「波羅蜜多」是梵語Paramita的音譯，或譯成「波羅蜜」，意思是「度」或「到彼岸」。「般若波羅蜜多」即是指**透過智慧到彼岸**。

◎《心經》是代表般若思想的核心

「心」一字，梵語是hrdaya，意思是「核心、精華」，是指這部經代表般若思想的扼要，精簡闡述五蘊、三科、四諦、十二因緣等，都是空性的佛教核心義理。最後歸於「無所得」（不可得），認為般若能度一切苦厄，達到究竟涅槃與證得菩提的境界。所以，這部經又簡稱為《心經》或《般若心經》。

《心經》是大乘般若思想中字數最少的經，此經現存梵文本，包括有尼泊爾發現的廣本與日本保存的各種摩刻小本兩種。在中國、日本廣泛流傳的是唐代玄奘大師的譯本，這個譯本總共只有二百六十字。

《心經》的版本甚多，無論是略本或廣本，都只有數百個字，也都完整地闡述佛教教義。不論是佛弟子讀誦、書寫作為日課，或是一般人當作護佑平安的經咒，這部文辭優美、義理深遠，透著人生解脫真理的經典，千百年來早已「活」在人們的生活之中。

透由般若智慧到達解脱彼岸

Prajna–paramita–hrdaya–sutra
般若　　　　波羅蜜多　　　　　心　　　　　經

【譯名】般若‧波羅蜜多‧心‧經

【意思】❶ 波羅蜜多經的核心

　　　　❷ 般若思想的核心

《心經》的目的

彼岸

智者解脱的另一端，
不生不滅，沒有罣礙
的涅槃境界。

透過智慧到達彼岸，
這就是經名上所說的
「般若波羅蜜多」！

此岸

凡夫迷惑的這一端，輪迴生
死、充滿煩惱的迷惘世界。

② 玄奘大師為何不將「般若」直接翻譯成「智慧」就好？

「般若」所代表的智慧指的是證悟一切現象的真實性的智力。由於找不到適當的中文來表達，於是多數的漢譯佛經就直接音譯為「般若」。

「般若」的意思既然是「智慧」，那麼玄奘大師為何不將「般若」直接翻譯成「智慧」就好？

◎「般若」一詞在二世紀就出現了

其實 Prajna（般若）這個梵語詞彙，約在東漢時期（西元二世紀），早已隨佛教傳入中國，當時就有西域高僧支婁迦讖（Lokak Shema）譯出《道行般若經》（西元179年），是最早傳譯入中國的般若經。後來「般若」學說成為魏晉南北朝時期（西元三至六世紀）的顯學，而現今在經藏中大乘經典重要的一大類──「般若部」，即是由般若波羅蜜多為中心的經典所集成。所以，在玄奘大師譯出《心經》（644）時，「般若」一詞早已流行近五百年了。

Prajna 除了最常見的「般若」譯法之外，還有「波若」、「鉢羅若」等不同的音譯，而佛教典籍中的意譯則為「智慧」、「智」、「慧」、「明」等。般若雖意指「智慧」，但與一般的智慧在意義上還是有差異的。「般若」不同於一般理解或辨識能力的智慧，它所代表的智慧指的是「圓滿的知識」，是證悟空性的智慧。

◎ 沒有適當漢字可表達而採音譯

此外，「般若」既不是單純的分析、判斷、創造、思考的能力，也非一般所謂的聰明才智，它是指從**比較超越的角度（例如，非二元的觀點）來看事情的智慧，是證悟一切現象真實性的智力**。由於找不到適當的中國文字來表達，於是多數的漢譯佛經乾脆不譯，而直接音譯為「般若」。

為了區別這種智慧不同於一般的智慧，佛經稱「般若」為通達真理的「妙智慧」，以「妙」一字用來區隔世俗認定的智慧概念。

般若＝妙智慧

Prajna 般若

❶ 音譯：唸成ㄅㄛ・ㄖㄜˇ
❷ 意思：證悟空理的智慧＝**妙智慧**

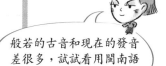

般若的古音和現在的發音差很多，試試看用閩南語發音應該比較接近。

比較兩種智慧

世間的智慧
一般理解或辨識的能力，例如善惡、美醜、有無等等（即二元觀點）。

般若＝妙智慧＝圓滿的知識
超越二元的觀點

妙智慧

佛經裡的「妙」字是用來表達超越世俗、無法形容的意思：

妙智慧	妙吉祥	妙樂	妙有
用來說明般若，是「圓滿的知識」，不同於一般理解或辨識能力的智慧。	無法用人類文字語言描述的吉祥。	殊妙之歡樂，無法用人類文字語言描述的喜樂，不是人類心理或身體的喜樂。	非有之有，表面像是有，實際卻是空，是特殊的存在狀態等等。

3

「波羅蜜多」是什麼意思？

「波羅蜜多」簡稱「波羅蜜」，意思是「由生死輪迴的苦海，度到解脫的彼岸。」

《心經》第二個重要詞彙是「波羅蜜多」，或譯成「波羅蜜」。它可有兩種意思，一是在**圓滿成就任何事時**，印度人就稱它為「波羅蜜多」。二是當想要成就任何事時，從開始朝向目標，到圓滿達成，**這中間的過程、方法，也稱為「波羅蜜多」**，這就是「度」或「到彼岸」的意思。

就佛法的究竟目的來說，所謂的「彼岸」意指沒有煩惱、不再輪迴的彼岸。所以，「波羅蜜多」比較完整的解釋是「從生死輪迴的苦海，度到解脫的彼岸」，脫離生死輪迴的苦海而獲得自在，這便是佛法解脫人生苦痛的最終目的。

但能讓人到達彼岸的方法又是什麼呢？在原始佛教裡，佛陀說要修習戒、定、慧三學，要直觀苦、集、滅、道四聖諦；而大乘菩薩道則標舉包括三學在內的六種修行德目，只要發願修習，就能協助人進入解脫的境界，那就是六波羅蜜多（或稱「六度」）——布施、持戒、忍辱、精進、禪定、智慧。**最後一項智慧波羅蜜多，即是般若波羅蜜多，是其他五度的領導者**，有了智慧的正確引導，修習其他五度才能真正實踐出自利利他的精神，讓一切眾生到達無有苦痛的清涼彼岸。

六波羅蜜多

梵 語 學 習

Paramita　波羅蜜多

❶【音譯】：「波羅蜜多」或「波羅蜜」

❷【意思】：是「度」或「到彼岸」

❸【引伸義】：沒有煩惱、不再輪迴的彼岸

❹【六波羅蜜多】：修行者若經由這六種修行德目，可達到解脫的境界。亦譯作六度。

英文翻譯是 six perfections，包括：

1. 布施（dana）charity
2. 持戒（sila）morality
3. 忍辱（ksanti）forbearance
4. 精進（virya）effort
5. 禪定（dhyana）meditation
6. 智慧（prajna）wisdom

六波羅蜜多，是指布施、持戒、忍辱、精進、禪定、智慧六種修行德目，可以度「六蔽」，就是慳貪、毀犯、瞋恨、懈怠、散亂與愚痴。修行者經由此六種修行德目，便可到達解脫的境界。六波羅蜜多亦譯作六度。

六波羅蜜多			六蔽
❶ 布施波羅蜜多	度	慳貪	
❷ 持戒波羅蜜多	度	毀犯	
❸ 忍辱波羅蜜多	度	瞋恨	
❹ 精進波羅蜜多	度	懈怠	
❺ 禪定波羅蜜多	度	散亂	
❻ 般若波羅蜜多	度	愚痴	

先睹為快

3

「波羅蜜多」是什麼意思？

《心經》起源於何時？

《心經》本來並非獨立的經典，而是出自玄奘大師翻譯的《大般若經》。那麼，它是於何時開始單獨流通的呢？

許多人讀誦、書寫《心經》，但大部分的人大概不知道它本來並非獨立的經典，而是出自玄奘大師翻譯的《大般若波羅蜜多經》（Maha-prajna-paramita-sutra，以下簡稱《大般若經》），在此經中的〈學觀品〉可以找到與《心經》幾乎完全相同的經句。由於《大般若經》多達 600 卷，部帙龐大，**為了易於受持，所以古德才將這最精要、最核心的部分摘錄出來**，單獨流通，因此而得「心經」之名。

《心經》既然是出自《大般若經》，那麼它是於何時開始單獨流通的呢？學者們始終無法確認。但從流通的版本，可以推斷一二。《心經》的版本甚多，短者稱「略本」，長者稱「廣本」。較為著名的略本有二本：一是姚秦的鳩摩羅什所譯的《摩訶般若波羅蜜大明咒經》（402-412），二是唐代的玄奘所譯的《般若波羅蜜多心經》（649）。所以，根據鳩摩羅什譯本的**翻譯年代推斷，《心經》開始單獨流通的時間，應不會晚於五世紀初。**

260字的來源初探

《心經》是大乘般若思想裡字數最少的經，在玄奘大師所翻譯的《大般若經》的〈學觀品〉裡，可以找到與《心經》幾乎相同的經句。

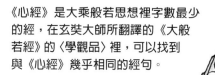

據說古代書寫大般若經需要用到10300多張紙，如果把這些紙連接起來，足有四華里多的長度，也就是2000公尺長呢！（1華里＝500公尺）。

從現存最早的版本看《心經》的流行年代

【現存最早的版本】

五世紀（402-412）

鳩摩羅什翻譯

摩訶般若波羅大明咒經

《摩訶般若波羅密大明咒經》裡的摩訶，是梵文maha，是「大」的意思。大明咒指的是《心經》裡的那幾句咒語：揭諦揭諦，波羅揭諦，波羅僧揭諦…。

注意！他們兩人翻譯的經名差很多哩！

原來中國人在五世紀就已經在讀《心經》了。

【流通最多的版本】

七世紀（649）

玄奘大師翻譯

般若波羅蜜多心經

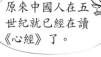

5

《心經》＝《大般若經》？

《心經》的「心」一字，梵文原意是「心臟」、「肝臟」兩種意思，引伸爲「核心」、「心要」，代表最精要的法義。因此《心經》是最精要的法義，代表《大般若經》的濃縮與精要。

◎《心經》是《大般若經》的濃縮與精要

在中文裡，「心」除了是指「心臟」之外，還有「意識」的意思，**前者是實體物質性的器官，後者是抽象概念的名詞。**而《心經》的「心」一字梵語作 hrdaya，有「心臟」、「肝臟」兩種意思，引伸為「核心」、「心要」，代表最精要的法義。因此《心經》是最精要的法義，代表著《大般若經》的濃縮與精要。

《大般若經》總共600卷，是般若波羅蜜多義理的說法結集。經文各卷有長有短，內容是佛陀在四個地方進行十六次集會所記載的經文，即所謂的「四處十六會」。這是般若經總集中最完整的編輯作品，其中涵蓋一般人熟知的《般若波羅蜜多心經》（簡稱《心經》）與《金剛般若波羅蜜經》（簡稱《金剛經》）。

《大般若經》宣稱**大乘即是般若，般若即是大乘，大乘與般若無二、無別，成爲大乘佛教的基礎理論。**據說當時玄奘原本考慮將此經濃縮精簡，以捨棄諸多重複的內容。不過，後來因一場夢而改變心意，決定進行完整的翻譯，於是今日我們得以看到《大般若經》的全部文集。

◎《心經》呈現重要的佛教核心概念

在距玄奘千年之後，英國研究大乘佛教的代表人物艾德華・孔茲（Edward Conze, 1904-1979），於 1973 年起，也陸續將梵語的《大般若經》翻譯成英文，最後也同樣進行濃縮版的《心經》翻譯。

雖然《心經》的字數只有二百六十個字，但所包含的意義非常廣闊。不僅是《大般若經》的精華，同時也完整地呈現重要的佛教核心概念。如：五蘊、六根、六觸、十二處、十八界、十二因緣、四諦、六度、究竟涅槃、阿耨多羅三藐三菩提等。在此提醒讀者，**認識《心經》重要的詞彙與關鍵字，勢必有助於佛教典籍的閱讀與理解。**

先睹為快

5

《心經》＝《大般若經》？

hrdaya 心

❶ 原義：心臟、肝臟

❷ 引伸義：為核心、心要，代表最精要的法義

兩部經的梵文比較：

Maha - prajna-paramita - sutra
　大　　　般若　　波羅蜜多　　　經

Prajna-paramita - hrdaya - sutra
　般若　　波羅蜜多　　　心　　　經

Maha是大

所以說《般若波羅蜜多心經》是《大般若波羅蜜多經》的心臟！

《大般若波羅蜜多經》
Maha-prajna-paramita-sutra
總共600卷

$\frac{1}{10,000}$

《般若波羅蜜多心經》
簡稱《心經》
Prajna-paramita-hrdaya-sutra
260字

讚嘆！600卷變成260個字

6

什麼是《大般若經》？

《大般若經》由玄奘大師所譯，總共六百卷，全經共十六會，據說是佛陀分別在鷲峰山、給孤獨園、他化自在天宮、竹林精舍，所宣說的諸法皆空的義理。

◎《大般若經》的結集

《心經》是般若思想的精要說明，而完整的般若思想則必須參看《大般若經》，其內容主要是**佛陀宣說諸法皆空的義理**。

這部經由玄奘大師翻譯，總共六百卷、十六會，是中觀學派（註：架構於龍樹思想的學派，主張一切現象都無真實體性，僅是概念所假立）所依據的根本經典，其中第二會〈二萬五千頌般若〉、第四會〈八千頌般若〉與第九會〈金剛般若〉是般若經的基本思想。這三會的內容大概成書於西元前一世紀左右，至於其他各會則是在後來的幾個世紀中成書的。一般認為**《大般若經》的結集最早出現於南印度，後傳播到西、北印度，且在貴霜王朝（一世紀至四世紀）時廣為流行**。很幸運的是，《大般若經》諸多梵文本至今多數保存良好。

◎ 十六次集會的內容

《大般若經》全經共十六會，據說是佛陀分別在王舍城的鷲峰山、舍衛國的給孤獨園、他化自在天宮、竹林精舍的白露池說出。每次集會都在宣說空理，但重點不同，其差異性整理如下：

一、第一次至第五次：這五會內容文異義同，每一會都針對般若教義進行**全面系統**的敘述。

二、第六次至第九次：這四會內容**擷取大部分般若的精要**，宣說無所得空的法門義理。

三、第十次集會：此會最特殊，帶有密**教的色彩**。內容是為佛對金剛手菩薩等說一切法甚深微妙般若理趣清淨法門等。

四、第十一次至第十六次：最後的六會內容依序談論**六波羅蜜多**（六度）實踐的義理，人們如果修習這六種方法，就有機會獲得解脫。

般若十六會

般若十六會是大乘佛教史上關於般若思想的十六次討論集會，從西元前一世紀以來，前前後後歷經了數百年才完成。整個般若十六會所結集出來的龐大內容，經過玄奘大師大規模地整編、翻譯，就是我們今天所見到的 600 卷《大般若經》。

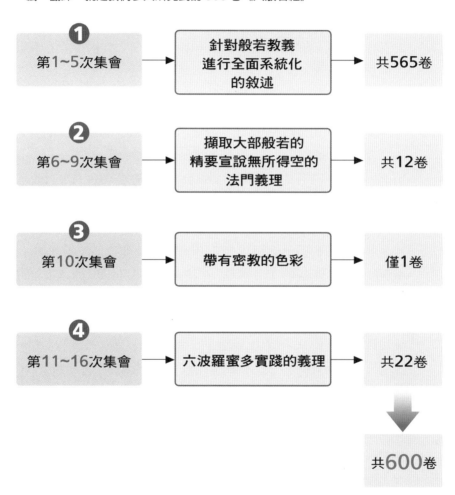

1 第1~5次集會 → 針對般若教義進行全面系統化的敘述 → 共565卷

2 第6~9次集會 → 擷取大部般若的精要宣說無所得空的法門義理 → 共12卷

3 第10次集會 → 帶有密教的色彩 → 僅1卷

4 第11~16次集會 → 六波羅蜜多實踐的義理 → 共22卷

→ 共600卷

《心經》第一個漢譯本是誰翻譯的？

西元五世紀，來自西域龜茲的鳩摩羅什，在中國長安譯出了《摩訶般若波羅蜜大明咒經》，這是目前所留傳下來最早的《心經》版本。

佛教從一世紀傳入中國後，二世紀起開始譯經，現今所見的漢譯佛典絕大部分完成於魏晉南北朝（三至六世紀）與隋、唐時期（六至十世紀初），這段時期出現許多偉大的佛經譯師。其中以西域龜茲鳩摩羅什、印度西北的真諦、中國河南的玄奘與斯里蘭卡的不空等四位最為著名，在中國他們被稱為「四大翻譯家」，至於其他有姓名記載的佛典翻譯家尚有二百多位。在諸譯師們的努力下，總共譯出佛典二千一百餘種，六千餘卷。

◎ 鳩摩羅什廣習大乘經論並主持譯經

最早譯出《心經》的是五世紀來自西域龜茲的鳩摩羅什（Kumarajiva, 334-413），當時所譯出的經名稱為《摩訶般若波羅蜜大明咒經》。鳩摩羅什的父親是天竺的望族，後成為龜茲（西域古國，現今中國新疆庫車一帶）的國師，娶龜茲王之妹為妻，後來生下了他。七歲時，他跟隨母出家學習小乘佛教，九歲隨母到罽賓（今克什米爾一帶）學習《阿含》等經。十二**歲與母親返回龜茲國，轉而鑽研大乘諸經**。在回到家鄉的二十多年間，他廣習大乘經論並為大眾說法，名聞西域諸國。

後幾經戰亂，弘始三年(401)後秦主姚興稱王，敬重他的才學，以國師之禮相待，並邀他住長安的逍遙園主持譯經。鳩摩羅什共譯出《大品般若經》、《維摩詰經》、《妙法蓮華經》、《金剛經》、《大智度論》、《中論》、《百論》、《成實論》等著名的大乘經典 35 部 294 卷。

◎ 譯文融合漢、梵文，易於理解

鳩摩羅什在佛經翻譯上最大的特色是**由直譯改為意譯，融合了漢語與梵文，辭藻華麗，使誦習佛經者能易於理解接受**。其弟子多達三千人，其中聞名者有僧肇、僧叡、道融、道生，稱為「什門四聖」。他於西元413年圓寂，火化後據說舌頭不爛，表示他所翻譯的經典，絕對可靠無誤。

四大譯經家

中國人推崇的四大譯經家,有三位分別來自不同的國家,包括西域的龜茲國、印度西北的優禪尼國、斯里蘭卡的師子國,只有玄奘來自中國河南。也就是說,除了玄奘之外,其餘三位都是來到中國譯經,擅長漢語的外國人。

他就是第一位譯出《心經》的人。

❶鳩摩羅什
(Kumarajva,344～413,一說350～409)
後秦的僧人、譯經家
西域龜茲人
(今新疆庫車一帶)

❸玄奘
(602～664)
唐代旅行家、高僧
洛州緱氏人(今河南)

❷真諦
(Paramrtha,499～569)
南朝梁、陳時的僧人、譯經家
優禪尼國人(當時的印度西北,今巴基斯坦)

塔吉克斯坦
阿富汗
巴基斯坦
中國
尼泊爾
不丹
印度
緬甸
斯里蘭卡

❹不空
(Amoghavajra,705~774),唐代僧人,密宗祖師之一
師子國(今斯里蘭卡)人

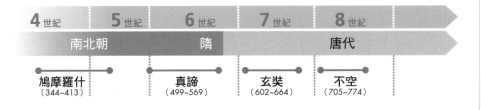

4世紀	5世紀	6世紀	7世紀	8世紀
南北朝		隋	唐代	
鳩摩羅什 (344~413)		真諦 (499~569)	玄奘 (602~664)	不空 (705~774)

鳩摩羅什：西域最偉大的譯經家

鳩摩羅什在9歲時就做了小留學生，與母親同往喀什米爾、疏勒一帶學習佛法。

鳩摩羅什40歲時決心前往中國弘法，卻因為長年戰亂，18年後才到達中國長安，展開譯經工作。

庫車 (龜茲)
(40歲被擄)
(7歲出家)

疏勒 (沙勒國)
(12歲)

罽賓
(喀什米爾)
(9歲)

涼州

西安 (長安)
(58歲)

鳩摩羅什的一生

❶ 西元344年，鳩摩羅什於龜茲（今新疆庫車）誕生。鳩摩羅什的父親鳩摩炎是天竺（印度）人，曾被拜為龜茲國師，母親是龜茲國王白純之妹。

❷ 7歲隨母出家，初學小乘佛教阿毗曇學（Abhidharma）。

❸ 9歲隨母，越過蔥嶺，渡印度河到罽賓（今克什米爾一帶），學習《阿含》等經。

❹ 12歲和母親返回龜茲，途中在沙勒（即沙勒國，今新疆疏勒一帶）停留一年，遇到莎車大乘名僧須利耶蘇摩（Aryasoma，莎車國王子），聆聽《阿耨達經》（Anavatapta），悟世界事物空無自相，從此改學大乘方等諸經，受誦《中論》、《百論》和《十二門論》等。

❺ 返回龜茲後二十多年間，廣習大乘經論，學識淵博，講經說法，聲譽很高。

❻ 西元382年，前秦苻堅派遣呂光出兵西域，後攻陷龜茲（384），擄得羅什。

❼ 後因苻堅被殺，呂光回不了中原，便割據涼州（今甘肅省武威縣）（386）（今甘肅省武威縣），自立為涼王，羅什相隨留在涼州。

❽ 西元401年，後秦姚興打敗涼州呂光，迎羅什入關，羅什於長安開始譯經（402），這時羅什已經58歲。

是誰促使鳩摩羅什前往長安譯經？

四世紀的中國，是魏晉南北朝時期，佛教頗為盛行，當時有位重要人物道安法師，他是中國佛教界領袖，不僅創立了中國僧伽制度，也系統性整理佛教經典目錄。許多從龜茲遊學歸來的僧人，經常向他稱讚鳩摩羅什才華洋溢、博學多聞，在西域擁有很高的聲譽。道安得知後，力勸當時的前秦國王苻堅迎請鳩摩羅什前來長安說法。

為什麼鳩摩羅什走了十八年才到長安？

西元382年，前秦苻堅派遣大將呂光出兵西域，隨後攻陷龜茲（384），鳩摩羅什被擄，準備被帶回長安。此一期間中原境內發生淝水之戰（383），東晉大敗前秦大軍，而後苻堅被殺（386），呂光無法回到長安，只好割據涼州，自立為涼王，建立史上的後涼。被擄的鳩摩羅什便隨呂光滯留在涼州達十六年。

直到西元401年，後秦打敗呂光後，後秦國王姚興便趕緊派人將鳩摩羅什迎到長安。姚興信奉佛教，迎得鳩摩羅什如獲至寶，待他以國師之禮，並全力協助他在長安逍遙園主持譯經工作。

鳩摩羅什譯出的重要經典

《妙法法華經》、《維摩詰經》、《金剛經》、《中論》、《百論》、《十二門論》、《大品般若經》、《小品般若經》、《大智度論》……鳩摩羅什留下來的翻譯典籍共有35部294卷。

這些大部分是龍樹菩薩創立的「中觀宗」典籍！後世三論宗就是依羅什所譯的經典而發展的。此外，成實宗、天台宗，也都是依據他所譯的經論而創立的。

據說羅什圓寂火化後舌頭不爛，這表示他的翻譯是絕對可靠的嘍！

8

流傳最廣的漢譯本是誰譯的？

唐代玄奘大師西行印度取經十七年後，回到長安譯出了《心經》，這是大乘佛教般若思想的核心典籍，由於譯文直接清晰，朗朗上口，遂廣為流行。

◎ **玄奘西行取經的目的**

玄奘是中國唐代旅行家、譯經家與高僧。他生於西元600年前後，十三歲在洛陽出家，成年後遊歷學法，接觸各派理論。雖然唐朝佛法昌盛，但當時譯經多訛謬，異說紛紜，玄奘經常感到困惑，無從獲解。**特別是對於「攝論」、「地論」兩家關於法相之說各異，深感疑惑，**於是興起去印度求法以會通一切的念頭。就在這時，一位由印度來到長安的印度僧人波頗密多羅，向他介紹了印度那爛陀寺高僧戒賢法師的講學規模，以及他所講授的《瑜伽師地論》，更堅定了玄奘赴印度求法的決心。

唐貞觀年間，玄奘為了一探《瑜伽師地論》，悄悄地自長安出發，越過嚴密的軍事關防，成為偷渡客一路西行。好在有高昌國王的幫助（高昌即今天的新疆吐魯番一帶），玄奘順利越過了險惡沙漠和天山屏障，遊歷當時世界經濟、交通最繁華的西域諸國（即今天戰亂的中亞一帶），最後來到喀什米爾和印度各地學法，並在印度赫赫有名的那爛陀寺學習與講學。

玄奘前後西遊長達十七年，跋山涉水，行程五萬里，攜回梵文經典520匣、657部。回中國之後主持國家譯經場，專門從事翻譯，十九年間共譯佛經75部、1335卷。**曾助他度過險惡沙漠的《心經》和他一心嚮往的《瑜伽師地論》都在其中。**

◎ **主持有史以來規模最大的國家譯經場**

玄奘共譯出了上千卷經典，他是怎麼做到的？佛經傳入中國，早期是個人獨力完成，後來便是靠團隊工作而完成的。**中國從四世紀東晉以來，便由官方設立「譯場」專門翻譯佛典，來自各地的譯經家在譯場從事譯經。**五世紀鳩摩羅什主持的譯場有四百多人，而唐代玄奘大師的譯場有六百多人，是歷代規模最大的譯場。譯場都是有編制和流程的，所有譯經工作都在玄奘的領導主持下進行，雖不一定是他親自翻譯，不過所有譯出的經文一定要經過他嚴格審定，玄奘就是在這樣的嚴謹制度下譯出了數量龐大的經典。

為了《瑜伽師地論》而遠行印度

玄奘西遊印度前後達十七年，行程五萬里路，總共攜回梵文經典520匣、657部。隨後十九年間在長安主持譯經工作，共譯出佛經75部、1335卷，堪稱譯經數量最多的譯經大師。但大家也許未注意到他遠行印度是為了一探《瑜伽師地論》這一部經書。後來玄奘大師也如願以償地將這部經譯成中文。

627年 玄奘為了一探《瑜伽師地論》而潛離長安，前往印度。

636年 到達印度那爛陀寺，見到戒賢大師，學習了《瑜伽師地論》這部經，並在印度各地遊歷求法。

645年 玄奘回到長安，隔年口述完成《大唐西域記》。

648年 玄奘47歲終於在長安譯出《瑜伽師地論》100卷，同時由唐太宗為此經作序。

649年 譯出當年陪同玄奘度過艱厄旅途的《心經》。

658年 玄奘遷居玉華寺，持續致力譯經。

660年 開始譯《大般若經》。此經梵本計二十萬頌，卷帙浩繁，門徒每請刪節，玄奘頗為謹嚴，不刪一字。西元663年，終於譯完這部多達600卷的巨著。

瑜伽師地論

《瑜伽師地論》是佛教瑜伽行派的根本論典，相傳是無著菩薩所著。內容總述唯識理論及瑜伽行者修行的經驗歷程、成就果位，也是一部「精緻精神生活」的追求者之百科全書。

玄奘大師的西行足跡

❶ 離開長安（627）

為了求法《瑜伽師地論》，偷渡出境，冒險西行。

❷ 新疆高昌之旅 （628）

受到高昌國王麴文泰的禮遇，贈與馬匹和西行推薦信。並經過屈支國 (庫車)，準備越過天山山脈。

❸ 探索中亞佛國

越過天山山脈之後，展開中亞諸國的探險。包括：
1 素葉城古國 (今吉爾吉斯的碎葉城)
2 笯赤建國
3 颯秣建國(分別為今烏茲別克首府的塔什干、撒馬爾罕城，是當時絲路上的兩大國際經貿重鎮。)
4 迦畢試國(阿富汗首都喀布爾的西北)
5 梵衍那國(世界著名巴米揚大佛的所在地)
6 犍馱羅國(犍陀羅佛教藝術的重鎮)
7 烏仗那國(蓮花生大師的家鄉)
這些地方就是現在回教塔利班政權的根據地！

❹ 喀什米爾的求法學習（631）

即迦濕彌羅國，這是現在印巴衝突的火藥庫，
在西元七世紀可是佛法昌隆之地，玄奘就在這裡全面展開求法的學習。

❺ 北天竺的學習（633~635）

兩年內參訪六位大師。

❻ 中天竺那爛陀寺的學習（636 ）

這是世界佛教的最高學府，玄奘終於見到了戒賢大師，學習七部重要經典，包括了他所嚮往的《瑜伽師地論》。玄奘極受戒賢賞識，後來還特為那爛陀寺僧眾開講攝論、唯識抉擇論。

❼ 南天竺各地的持續學習

到七個國家訪師參學。

❽ 在曲女城大顯身手（642）

曲女城即現在印度恆河西岸之勒克瑙。玄奘會見戒日王，參加佛學辯論大會，辯才無礙，獲得大乘天與解脫天的稱號，並參加為期七十五天辯經的無遮大會，名震五印。而後玄奘便整裝歸國，西元 645 年回到長安。

9

《心經》到底有多少種譯本？

《心經》有兩個重要的略本，分別由鳩摩羅什與玄奘所譯，還有其他五個重要的廣本。現在最流行的譯本是玄奘的譯本。

從第五世紀初姚秦鳩摩羅什到第十世紀北宋太宗近六百年間，印度梵語的《心經》被譯成中文，前後多達十一次，可見其受大眾歡迎的程度。在如此多次的迻譯之中，大致上可分略本（小）與廣本（大）兩種形式。

略本與廣本的差異在哪裡呢？一般而言，佛經的結構通常都分成三大部分——序分、正宗分、流通分。「序分」如同一篇文章的序言，說明佛陀說法的時間、地點、因緣、與會聽眾；「正宗分」是文章的主要部分，重點是在闡述該經的義理；而「流通分」好比結論，點出與會聽眾諦聽佛法之後皆大歡喜，信受奉行作禮而去。**《心經》的略本僅特別著重「正宗分」的部分，而廣本的內容則有完整的三個結構。**

在所有現存的《心經》漢譯本中，除有《摩訶般若波羅蜜大明咒經》（鳩摩羅什譯）、《般若波羅蜜多心經》（玄奘譯）的兩個重要略本外，還有其他五個重要的廣本。此外，中國並傳有玄奘**直譯梵音**的《梵本般若心經》。另外還有由藏文轉譯成漢文的《心經》。現在最流行的譯本是玄奘的譯本，全經有二百六十字。

◎ **重要的二個略本**

一、《摩訶般若波羅蜜大明咒經》（402-412），姚秦·鳩摩羅什譯

二、《般若波羅蜜多心經》（649），唐·玄奘譯

◎ **重要的五個廣本**

一、《普遍智藏般若波羅蜜多心經》（739），唐·法月重譯

二、《般若波羅蜜多心經》（790），唐·般若與利言合譯

三、《般若波羅蜜多心經》（燉煌石室本·856），唐·法成譯

四、《般若波羅蜜多心經》（約860），唐·智慧輪譯

五、《佛說聖佛母般若波羅蜜多經》（980），宋·施護譯

留存下來的七個漢譯本

略本

402-412 一、《摩訶般若波羅蜜大明咒經》（402-412），姚秦‧鳩摩羅什譯

649 二、《般若波羅蜜多心經》（649），唐‧玄奘譯

廣本

739 一、《普遍智藏般若波羅蜜多心經》（739），唐‧法月重譯

790 二、《般若波羅蜜多心經》（790），唐‧般若與利言合譯

856 三、《般若波羅蜜多心經》（燉煌石室本‧856），唐‧法成譯

860 四、《般若波羅蜜多心經》（約860），唐‧智慧輪譯

980 五、《佛說聖佛母般若波羅蜜多經》（980），宋‧施護譯

還有四種譯本已遺失

223 1. 摩訶般若波羅蜜多咒經 （223？），三國‧支謙譯
→只出現在《開元釋教錄》的目錄

693 2. 般若波羅蜜多那經（693？），唐‧菩提流志譯
→只出現在《開元釋教錄》的目錄

700 3. 摩訶般若隨心經（700？），唐‧實叉難陀譯
→只出現在《開元釋教錄》的目錄

？ 4. 佛說般若波羅蜜多心經（？），唐‧義淨譯
→此版本在咒語後有一段不同一般譯本、獨有的流通分，描述讀經的功效。有些學者認為此版本可能是玄奘漢譯本的誤用，因此《大正藏》未收錄，但日本存有此本的抄本。

（註：七種《心經》漢譯本請見附錄第232頁。）

先睹為快

9

《心經》到底有多少種譯本？

51

⑩ 「廣本」心經與「略本」有何不同？

廣本與略本的不同在於序分、正宗分與流通分「三分」結構的增減。

《心經》的目的是闡述佛教的空性義理，那麼，廣本與略本的不同到底是什麼呢？主要在於序分、正宗分與流通分「三分」結構的增減。

◎略本精簡了三分結構，廣本則有完整鋪陳的三分結構

玄奘或鳩摩羅什的略本，當時可能因方便讀誦，因而省略了交待時空背景和緣由的序分的部分文字，以及讚揚勉勵的流通分的局部文字。其他多種古譯廣本或藏譯本，則仍維持完整鋪陳的序分、正宗分與流通分三部分。精簡過的略本，雖然方便流通持誦，卻省略掉很重要而不可忽略的情境說明，即序分裡的「釋尊入三昧定」，以及流通分裡的「釋尊出三昧定」。
以下以唐・智慧輪譯的《般若波羅蜜多心經》說明這部分的內容。

> （序分）如是我聞，一時薄誐梵，住王舍城鷲峰山中，與大苾芻眾，及大菩薩眾俱。爾時世尊，入三摩地，名廣大甚深照見。時眾中有一菩薩摩訶薩，名觀世音自在，行甚深般若波羅蜜多行時，照見五蘊自性皆空。即時具壽舍利子，承佛威神，合掌恭敬。

說明這場盛會是在王舍城的靈鷲山舉行，許多大比丘與大菩薩都來參加。
一開始，佛陀就進入三摩地（三昧），觀自在菩薩也在觀照甚深微妙的般若波羅蜜多。接著點出舍利弗依仗佛陀的威神力，恭請觀自在菩薩說法。

> （流通分）如是，舍利子！諸菩薩摩訶薩，於甚深般若波羅蜜多行，應如是學。爾時，世尊從三摩地安祥而起，讚觀世音自在菩薩摩訶薩言：「善哉！善哉！善男子，如是如是，如汝所說，甚深般若波羅蜜多行，應如是行。如是行時，一切如來，悉皆隨喜。」爾時，世尊如是說已，具壽舍利子，觀世音自在菩薩及彼眾會一切世間天、人、阿蘇囉嚩 馱嚩等。聞佛所說，皆大歡喜，信受奉行。

流通分寫著佛陀出定後，讚歎聖觀自在菩薩並告訴勉勵與會人士。聽眾們諦聽佛陀說法後都無比欣喜，進而信受、奉行佛陀所說的法。這種有完整鋪陳的三分結構，亦可見於唐代般若和利言合譯的版本中，請見第54頁分析。

廣本與略本的結構比較

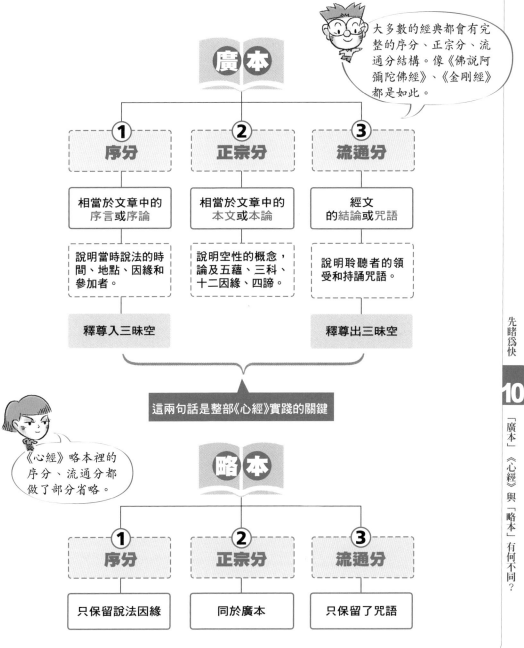

大多數的經典都會有完整的序分、正宗分、流通分結構。像《佛說阿彌陀佛經》、《金剛經》都是如此。

廣本

①序分

相當於文章中的序言或序論

說明當時說法的時間、地點、因緣和參加者。

釋尊入三昧空

②正宗分

相當於文章中的本文或本論

說明空性的概念，論及五蘊、三科、十二因緣、四諦。

③流通分

經文的結論或咒語

說明聆聽者的領受和持誦咒語。

釋尊出三昧空

這兩句話是整部《心經》實踐的關鍵

《心經》略本裡的序分、流通分都做了部分省略。

略本

①序分

只保留說法因緣

②正宗分

同於廣本

③流通分

只保留了咒語

❸ 流通分
（結論與咒語）

道：無智亦無得。以無所得故，菩提薩埵，依般若波羅蜜多故，心無罣礙，無罣礙故，無有恐怖，遠離顛倒夢想，究竟涅槃。三世諸佛依般若波羅蜜多故，得阿耨多羅三藐三菩提。

故知般若波羅蜜多是大神咒，是大明咒，是無上咒，是無等等咒，能除一切苦，真實不虛。

故說般若波羅蜜多咒，即說咒曰：蘗諦，蘗諦，波羅蘗諦，波羅僧蘗諦，菩提娑婆訶。

如是，舍利弗！諸菩薩摩訶薩於甚深般若波羅蜜多行，應如是行。」如是說已，即時世尊從廣大甚深三摩地起，讚觀自在菩薩摩訶薩言：「善哉！善哉！善男子，如是，如是。如汝所說，甚深般若波羅蜜多行，應如是行。如是行時，一切如來皆悉隨喜。」爾時，世尊說是語已，具壽舍利弗大喜充遍，觀自在菩薩摩訶薩亦大歡喜。時彼眾會，天、人、阿修羅、乾闥婆等，聞佛所說，皆大歡喜，信受奉行。

❷ 正宗分（本文或本論）　　　　　**❶ 序分**（序文或序論）

《般若波羅蜜多心經》（唐·般若與利言合譯）：

如是我聞。一時，佛在王舍城耆闍崛山中，與大比丘眾及菩薩眾俱。時佛世尊即入三昧，名廣大甚深。爾時眾中有菩薩摩訶薩，名觀自在，行深般若波羅蜜多時，照見五蘊皆空，離諸苦厄。

爾時舍利弗承佛威力，合掌恭敬白觀自在菩薩摩訶薩言：「善男子！若有欲學甚深般若波羅蜜多行者，云何修行？」如是問已。

爾時觀自在菩薩摩訶薩告具壽舍利弗言：「舍利子！若善男子、善女人，行甚深般若波羅蜜多行時，應觀五蘊性空。舍利子！色不異空，空不異色；色即是空，空即是色；受、想、行、識亦復如是。舍利子！是諸法空相，不生、不滅；不垢、不淨；不增、不減。是故空中無色，無受、想、行、識；無眼、耳、鼻、舌、身、意；無色、聲、香、味、觸、法；無眼界，乃至無意識界；無無明，亦無無明盡，乃至無老死，亦無老死盡；無苦、集、滅、

11

佛陀到底在不在《心經》的說法現場？

玄奘所譯的《心經》一開始便是觀自在菩薩與舍利佛的對白，經文看似由觀世音菩薩所說，但佛陀到底在不在《心經》的說法現場呢？答案在廣本《心經》裡。

我們以般若與利言共譯的廣本《般若波羅蜜多心經》爲例，來看完整的說法過程。

❶ 如是我聞，一時，佛在王舍城耆闍崛山中，與大比丘眾及菩薩眾俱。

❷ 時佛世尊即入三昧，名廣大甚深。

❸ 爾時眾中有菩薩摩訶薩，名觀自在，行深般若波羅蜜多時，照見五蘊皆空，離諸苦厄。

❹ 舍利弗承佛威力，合掌恭敬白觀自在菩薩摩訶薩言：「善男子，若有欲學甚深般若波羅蜜多行者，云何修行？」

❶ 這幾句經文點出說法地點在靈鷲山，與會人士有佛陀、菩薩眾、大比丘眾。由阿難記下整個說法的過程，這是諸多佛經的典型模式。

❷ 這描述非常關鍵，說明此時佛陀進入三昧定的狀態，這是透過精神集中，以達到很高的意識境界。

❸ 此時觀自在菩薩在修習般若波羅蜜多的狀態中，持續進行觀照五蘊皆空。**無論是佛陀的「三昧定」，或觀自在菩薩的「行深般若波羅蜜多」都是關鍵的修行狀態。玄奘的略本於此略去了。**

❹ 接著舍利弗承佛威力，向觀自在菩薩摩訶薩請問如何修行般若波羅蜜多。於是兩人展開對話，即玄奘與鳩摩羅什所譯略本的大部分內容。

至於觀自在菩薩扮演講說者的過程，在諸廣本有兩種不同的說法。一是觀自在菩薩自告奮勇請示佛陀後開始說法；二是舍利佛承佛威神力後，恭請觀自在菩薩指導說法。**所謂「承佛威力」是指舍利佛「在佛陀的啓發之下」，開始有能力與觀自在菩薩溝通。**兩者於意義上應是相同的，無論是哪一種，當時佛陀都是在旁入三昧定的禪定狀態。

《心經》裡的三個主角

在《心經》廣本記載世尊在王舍城耆闍崛山（即靈鷲山）與菩薩與比丘共聚。世尊入三昧之後，舍利弗承佛威力，接著觀自在菩薩開始指導舍利弗。這在玄奘的略本中未深入討論的。整個經文最重要的三位人物：（1）世尊：達到成佛的境界。（2）觀自在菩薩：正在前往成佛境界的菩薩。（3）舍利弗：代表大比丘眾提出問題的人類。他們三位主導了《心經》的說法盛會，宛如一齣六幕劇。

第1幕

由阿難道出時空背景

第2幕

佛陀處於甚深禪定的冥想狀態之中

第3幕

觀自在處於甚深般若觀照中

第4幕

舍利弗提問

第5幕

觀自在在釋尊的啟發下開始為舍利弗講經說法

第6幕

佛陀結束禪定冥想，並且美言觀自在菩薩的講說

第**6**幕 　　　　　　　　　　第**5**幕

❻如是說已，即時世尊從廣大甚深三摩地起，讚觀自在菩薩摩訶薩言：

「善哉！善哉！善男子，如是，如是。如汝所說，甚深般若波羅蜜多行，應如是行。如是行時，一切如來皆悉隨喜。」爾時，世尊說是語已，具壽舍利弗大喜充遍，觀自在菩薩摩訶薩亦大歡喜。時彼眾會，天、人、阿修羅、乾闥婆等，聞佛所說，皆大歡喜，信受奉行。

如是，舍利弗！諸菩薩摩訶薩於甚深般若波羅蜜多行，應如是行。」

故說般若波羅蜜多咒，即說咒曰：蘗諦，蘗諦，波羅蘗諦，波羅僧蘗諦，菩提娑婆訶。

一切苦，真實不虛。

故知般若波羅蜜多是大神咒，是大明咒，是無上咒，是無等等咒，能除想，究竟涅槃。三世諸佛依般若波羅蜜多故，得阿耨多羅三藐三菩提。

埵，依般若波羅蜜多故，心無罣礙，無罣礙故，無有恐怖，遠離顛倒夢亦無老死盡；無苦、集、滅、道；無智亦無得。以無所得故，菩提薩

《般若波羅蜜多心經》（唐‧般若與利言合譯）

第1幕　第2幕　第3幕　第4幕

❶ 如是我聞。一時，佛在王舍城耆闍崛山中，與大比丘眾及菩薩眾俱。

❷ 時佛世尊即入三昧，名廣大甚深。

❸ 爾時眾中有菩薩摩訶薩，名觀自在，行深般若波羅蜜多時，照見五蘊皆空，離諸苦厄。

❹ 即時舍利弗承佛威力，合掌恭敬白觀自在菩薩摩訶薩言：「善男子！若有欲學甚深般若波羅蜜多行者，云何修行？」如是問已。

❺ 爾時觀自在菩薩摩訶薩告具壽舍利弗言：「舍利子！若善男子、善女人，行甚深般若波羅蜜多行時，應觀五蘊性空。舍利子！色不異空，空不異色；色即是空，空即是色；受、想、行、識亦復如是。舍利子！是諸法空相，不生、不滅；不垢、不淨；不增、不減。是故空中無色，無受、想、行、識；無眼、耳、鼻、舌、身、意；無色、聲、香、味、觸、法；無眼界，乃至無意識界；無無明，亦無無明盡，乃至無老死，

12 哪些人物參與了《心經》說法盛會？

《心經》這部談般若空性的濃縮經典，雖然經的主要內容是觀自在與舍利弗的對談，但是聽眾以菩薩多過於人類，這點頗為特殊。

◎ 序分的人物

在這場《心經》說法盛會上，有哪些人聆聽了佛陀開示的殊勝空義呢？在玄奘的略本中，我們看不到聽法者，但在諸多廣本的「序分」，則包括三組與會人物：（一）菩薩眾；（二）大比丘眾；（三）大菩薩眾。有的譯本將「大比丘眾」寫成「大苾芻眾」，「苾芻」與「比丘」同樣都是音譯自梵語Bhiksu。「大菩薩眾」或稱「摩訶菩薩眾」，「摩訶」是梵語 Maha 的音譯，意思是「大」，顯然菩薩還有分菩薩與大菩薩兩種不同的修行境界。

到底有多少人呢？比較諸多譯本，並未詳盡說明正確參與人數，只有兩部經有提到人數。一部是《普遍智藏般若波羅蜜多心經》（唐代法月的譯本），描述**有百千位大比丘眾，以及七萬七千位菩薩摩訶薩**，一同聆聽法義，而菩薩眾中，更以觀世音、文殊師利、彌勒等諸大菩薩為上首。顯見**菩薩的人數多過比丘，這點頗為特殊**。另一部是《佛說聖佛母般若波羅蜜多經》（施護譯），說明有大苾芻眾千二百五十人與諸菩薩摩訶薩眾參與盛會，但並未說明諸菩薩的人數。

◎ 正宗分的人物

在正宗分出現的人物是《心經》的三個重要角色——觀自在菩薩、舍利弗與佛陀。舍利弗或稱為舍利子，是佛陀的十大弟子之一，以「智慧第一」著稱。

◎ 流通分的人物

在流通分中，聽法大眾——眾比丘、諸菩薩、天、人與天龍八部、阿修羅等，以及一切世間的修學道眾，他們一起聽聞觀自在與舍利弗的對談，都產生了前所未有且無法形容的安樂與喜悅，這種喜悅超越一切世間所有的喜樂。

《心經》人物表

到底佛陀和觀世音講說《心經》的時候有哪些人物在現場？從唐代摩三藏沙門法月所譯的廣本《普遍智藏般若波羅蜜多心經》裡有具體的描述，以下依序分、正宗分、流通分三大結構來看參加這場盛會的人物。

序分人物

菩薩眾

大比丘眾

大菩薩眾

正宗分人物

佛陀

觀自在菩薩

舍利佛

流通分人物

大比丘眾

百千位大比丘
有的版本寫著大苾芻眾，苾芻是梵語Bhiksu的音譯，意思也就是比丘。

菩薩眾

有七萬七千位大菩薩，包括彌勒、文殊等等。大菩薩眾或稱摩訶菩薩眾，摩訶是梵語Maha的音譯，意思是大。

一切世間天人

一切世間天人，天人有兩種意思「天上的人」或「天道與人道」。

阿修羅

阿修羅容貌相當醜陋，本性好鬥，經常與帝釋爭戰。阿修羅有男有女。男的形貌醜陋，女的面貌美豔。

乾闥婆

乾闥婆與阿修羅均屬天龍八部，是一群樂神。不食酒肉，以香氣維生，居住在尋香城。

13 佛陀和觀自在菩薩在哪裡開示《心經》？

雖然《心經》略本並未交代說法地點，但透由諸多的廣本得知，佛陀和觀自在菩薩開示《心經》的地點是位於王舍城的靈鷲山。

在鳩摩羅什與玄奘所譯的《心經》略本中，都未交代佛陀和觀自在菩薩開示《心經》的時空背景，但在諸多的廣本則有詳盡且一致的說法。透由以下不同經文的內容，可找出《心經》的說法地點。

> 如是我聞，一時，佛在王舍大城靈鷲山中，與大比丘眾滿百千人，菩薩摩訶薩七萬七千人俱。其名曰：觀世音菩薩、文殊師利菩薩、彌勒菩薩等，以爲上首。……（《普遍智藏般若波羅蜜多心經》，唐·法月重譯）
>
> 如是我聞。一時，佛在王舍城耆闍崛山中，與大比丘眾及菩薩眾俱。……（《般若波羅蜜多心經》，唐·般若與利言合譯）
>
> 如是我聞，一時薄誐梵，住王舍城鷲峰山中，與大苾芻眾及大菩薩眾俱。……（《般若波羅蜜多心經》，唐·智慧輪譯）

◎靈鷲山＝闍崛山＝鷲峰山

諸多的廣本都說明《心經》的說法地點是在王舍城（Rajagrha）的靈鷲山，此處是**佛陀經常居住與說法的地方**。靈鷲山有時簡稱「靈山」，或音譯為「耆闍崛山」(Gijjhakuta)。因其山形狀似鷲鳥，且山上鷲鳥又多，因而得名。靈鷲山位於摩竭陀國王舍城的東北方，由印度古代賢君頻婆娑羅王所建，他是最早皈依佛教的印度國王。**這裡同時也是佛陀講說《法華經》的地點。**

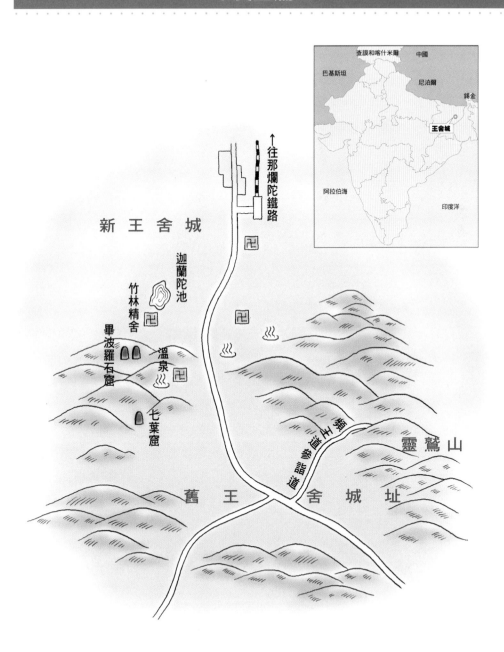

印度靈鷲山

往那爛陀鐵路 →

新 王 舍 城

迦蘭陀池

竹林精舍

畢波羅石窟

溫泉

七葉窟

舊 王 舍 城 址

修羅山嶺 道詣

靈鷲山

查謨和喀什米爾　　中國

巴基斯坦

尼泊爾

錫金

王舍城

阿拉伯海

印度洋

13

佛陀和觀自在菩薩在哪裡開示《心經》？

在佛教史上，王舍城為何那麼重要？

王舍城是古印度摩揭陀國的首都，佛陀時常在其附近的靈鷲山上說法，城南的七葉窟更是佛教第一次經典結集之處。

王舍城是摩揭陀國（Magaha）的首都，有舊城與新城兩處，相距僅四公里，分別是摩揭陀國頻婆娑羅王（Bimbisara）與阿闍世王（Ajatasatru）所建。他們兩人在位時，正是王舍城的極盛時期，並曾先後在舊城與新城接見佛陀。

根據歷史記載，當時城內人口眾多，樓宇林立，是繁華的商業中心，城中的富商甚至經營海外貿易，外國的商人也經常來此。但王舍城終究於歲月的啃蝕中沒落了，中國僧人法顯（337-422）於五世紀來此地時，城已荒廢；到玄奘於七世紀所見，已是「外郭已壞，無復遺堵。內城雖毀，基址猶峻。」現在這古城只餘古蹟供後人憑弔了。

◎ 佛陀最常說法居住的城市

王舍城不僅是一座印度的歷史古城，且與佛教的發展有密不可分的關係，其重要之處如下：

一、國王接見佛陀之處：頻婆娑羅王曾先後在舊城與新城接見佛陀，並把王舍城的竹林精舍送給佛陀，作為傳教住所。

二、佛陀說法之處：舊城東北的查塔吉里山，也就是古代的鷲峰山，這是佛陀經常居住與說法之地，頻婆娑羅王亦曾來此向佛陀求教。靈鷲山確切的位置在今印度北部比哈爾邦（Bihar）巴特那（Patna）縣境的丘陵谷地。

三、佛陀坐禪石窟：西北毗布羅山的畢鉢羅石窟（Pippali Cave），是佛陀飯後坐禪之處。

四、第一次佛典結集之處：舊城南的七葉窟（Saptaparna Cave）是佛陀弟子大迦葉（Mahakasayapa）與五百位羅漢，於佛滅後進行第一次結集（約西元前五、六世紀）的地方。

五、佛教徒與耆那教徒共同的聖地：谷中有溫泉，四周山上有耆那教廟宇，是佛教徒與耆那教徒的朝聖地。

歷史古城王舍城

王舍城是印度歷史古城，也是佛教八大聖地之一。佛陀在世間的傳法與生活修行，幾乎都在這城裡。佛陀涅槃後，佛教徒第一次佛典結集會議也在此城舉行，顯見王舍城在佛教歷史上有其重要位置。

❶國王接見佛陀之處

❷佛陀說法之處

❸佛陀坐禪石窟

❹第一次佛典結集之處

❺佛教徒與耆那教徒共同的聖地

王舍城

15

《心經》的核心思想是「空」？

「空」是大乘佛教的核心觀念，《心經》開宗明義一口氣用了一百三十四個字提出三種層次的空性，分別是：我空、法空、一切法皆空。

什麼是「空」？「空」，梵語Sunya，是佛教基本教義，用來表述「非有」、「非存在」的一個基本概念。用最簡單的方式來說，佛教的「空」是指**世間一切現象都是因為各種條件的聚合而形成的，當條件改變時，現象也跟著改變，本身並沒有一個真正存在的實體。**

◎ 空是般若思想的核心要義

圍繞在這個概念下，佛教在不同時代產生了各種空的見解和討論。特別是大乘佛教時期，龐大的般若經系統便是以空做為探討的核心，顯見這個概念在佛教思想發展上的重要性。而《心經》的主要目的也在說明空的概念，經典一開始便開宗明義，簡練而有力地說出「五蘊皆空」、「色即是空，空即是色；色不異空，空不異色」等琅琅上口的經典名句。

《心經》總共用了六段文字來表達「空」的意義和層次：

❶ 觀自在菩薩，行深般若波羅蜜多時，照見五蘊皆空，度一切苦厄。

❷ 舍利子！色不異空，空不異色；色即是空，空即是色；受、想、行、識，亦復如是。

❸ 舍利子！是諸法空相，不生不滅，不垢不淨，不增不減。

❹ 是故空中無色，無受、想、行、識，無眼、耳、鼻、色、身、意，無色、聲、香、味、觸、法，無眼界，乃至無意識界。

❺ 無無明，亦無無明盡，乃至無老死，亦無老死盡，無苦集滅道。

❻ 無智亦無得。

這六段經文以組織嚴謹的邏輯鋪成，從「照見五蘊皆空，度一切苦厄」開始一路下去，在「無智亦無得」達到最完整的空性認識，循序漸進地提出了三種層次的空性理解，分別是：（a）我空：即去除我執；（b）法空：即去除法執；（c）一切法皆空：即去除所有概念名相的執著。特別是最後一句「無智亦無得」，雖無「空」字，卻闡述出空性體驗的終極境界。

空的三種層次

Sunya 空

❶ 音譯成「舜若」

❷ 在佛教中用來表述非有、非存在的一個基本概念

這五段經句，由「我空」走向「法空」。

❶ 觀自在菩薩，行深般若波羅蜜多時，照見五蘊皆空，度一切苦厄。 → 我空（去除我執）

❷ 舍利子！色不異空，空不異色；色即是空，空即是色；受想行識，亦復如是。 → 我空（去除我執）

❸ 是諸法空相，不生不滅，不垢不淨，不增不減。 → 認識空的本性

❹ 是故空中無色，無受想行識，無眼耳鼻色身意，無色聲香味觸法，無眼界，乃至無意識界。 → 我空（去除我執）

❺ 無無明，亦無無明盡，乃至無老死，亦無老死盡，無苦集滅道。 → 法空（去除法執）

❻ 無智亦無得

這一句雖無「空」字，但去除對「概念名相」的執著，闡明「一切法皆空」。

我空與法空

在空性理論裡，如果針對所否定的對象來說，空是可分我空、法空兩種。

我空，即認為一切有情都是由各個組成元素聚合而成，不斷流轉生滅，因此不存在常一主宰的主體——我，這是小乘佛教的觀點。

法空，則認為一切事物都依賴於一定的因緣或條件才能存在，本身沒有任何質的規定性。法空並非虛無，它是一種不可描述的實在（存在），稱為「妙有」，這主要是大乘中觀派闡明的觀點。

16

《心經》是為誰所說的？

佛陀為三乘人開示《心經》，聲聞乘達到四諦空，緣覺乘達到沒有無明、老死的困擾，菩薩乘依憑般若波羅蜜多而達無智、無得的菩薩空性境界。

佛陀說法的目的便是要引導眾生獲得解脫，但眾生根機不同，所以佛陀依根機的差別而說種種法。佛陀為天道與人道的眾生說五戒、十善法，為聲聞說四諦法，為緣覺說十二緣起，為菩薩說六波羅蜜。那麼，《心經》是佛陀為誰而說，說的又是什麼法呢？

《心經》精簡闡述五蘊、三科、四諦、十二因緣等諸法皆空的佛教核心義理。最後歸於「無所得」（不可得），認為般若能度一切苦厄，達到究竟涅槃。其中涵蓋不同的空性層面，包括緣覺乘、聲聞乘和菩薩乘等三乘。「乘」代表達到涅槃的不同方法或工具，三乘原本各有不同的教法到達解脫彼岸，在《心經》的空性裡，一一超脫每個教法。

◎ **聲聞乘超越四諦法**

聲聞乘是**聽聞佛說四諦法而覺悟的聖者**，他們體悟苦諦是世間的果，集諦是世間的因，滅諦是出世間的果，道諦是出世間的因，因而成為阿羅漢。《心經》中「無苦、集、滅、道」的空性解說，超越四諦的層面，達到四諦空的境界。

◎ **緣覺乘超越十二緣起**

緣覺乘是由**觀察緣起而覺悟的聖者**，他們觀察無明緣行、行緣識、識緣名色、名色緣六入、六入緣觸、觸緣受、受緣愛、愛緣取、取緣有、有緣生、生緣老、死。由於這十二緣起，而有過去、現在、未來三世的起惑、造業、受生等生死流轉。《心經》中「無無明，亦無無明盡，乃至無老、死，亦無老死盡」，就是說若沒有無明、老死的困擾，那就沒有滅卻無明與老死的需要。

◎ **菩薩乘無智亦無得**

菩薩乘是**修習六波羅蜜多而能自覺、覺他的聖者**。《心經》中「無智亦無得。以無所得故，菩提薩埵依般若波羅蜜多故，心無罣礙，無罣礙故，無有恐怖，遠離顛倒夢想，究竟涅槃」，無智、無得是菩薩的空性境界，依憑的即是般若波羅蜜多。

三乘

梵語學習

Yana 乘

❶ 原義：乘，為運載之意，指能乘載眾生至彼岸的工具。乘是古代計算車輛的單位，如「萬乘之國」、「百乘之家」。

❷ 引伸義：在佛教用語中用來譬喻佛陀的教法，以其能載修行者到達解脫境界的不同工具。大乘就如大眾運輸工具，能載乘運送很多人。大乘菩薩不只追求自己的解脫，並進一步幫助他人，共證究竟菩提。

《心經》的三種對象

苦集滅道

生……老死

❶ 緣覺乘

聽聞佛說的四諦法音而悟道

四諦法門

❷ 聲聞乘

觀察因緣而覺悟依此脫離生死苦海

十二因緣法

❸ 菩薩乘

除「自覺」外還須「覺他」

六波羅蜜多

《心經》是「經」還是「咒」？

《心經》是指導人們了解空性與體悟空性的知識基礎，既有大乘佛教般若思想的精要，也有密教經典重視的持咒力量。

◎ 玄奘度過一切苦厄

據傳西元622年前後，玄奘在益州（今四川）遇到一位滿身癩病的老者，於是停留照顧他。老者因感念玄奘的慈悲，送他一本梵文《心經》。在一望無際的大漠探旅之中，玄奘經常面臨狂風捲襲與烈陽炙熱，隨之而來的是蜃樓魅影或奇魔異幻。**據說只要他一心虔誦《心經》，鬼魅魔影都會頓時消散無蹤。**

◎ 《心經》是「經」或是「咒」？

「經」重義理，「咒」重音韻，兩者在概念與功能上都不相同。在沙漠危難之中的玄奘持誦《心經》，是為了體悟空性還是持咒除厄呢？《心經》真能「度一切苦厄」嗎？許多經文經常出現「大神咒」、「大明咒」、「無上咒」等字眼，但真正的咒語卻很少出現於經文中。可是，不論略本或廣本的《心經》最後皆附有咒語，因此有人提出《心經》是「咒」的不同看法。

《心經》究竟是「經」或是「咒」？**可由「顯」與「密」兩種層面來探討。**就「顯」的層面來說，由「觀自在菩薩」到「三世諸佛，依般若波羅蜜多故，得阿耨多羅三藐三菩提」為止，都是指導閱讀者了解空性與體悟空性的知識基礎。而由「故知般若波羅蜜多，是大神咒，是大明咒，是無上咒，是無等等咒」之後，轉入「密」的層面，開始一連串咒語：「揭諦揭諦，波羅揭諦，波羅僧揭諦，菩提娑婆訶」。

翻譯咒語雖可譯出其內含的意義，但有時譯語無法完全表達，因此常音譯而不意譯。**這些咒是具有特殊靈力的祕密語，若一心持誦咒語，能使精神專一，作為引發智慧的方便；**此外，密教認為咒語超越文字語言，能協助修行者體悟空性。因此，《心經》可說既有大乘佛教般若思想的精要，也有密教經典重視的持咒力量。

《心經》的「顯」與「密」

《心經》裡有顯教的義理，也有神祕的密教層面，特別是咒語部分，雖然只有音譯而沒有翻譯出咒語的意思，卻是千餘年來被人們所持誦，並相信它們具有神祕的力量。

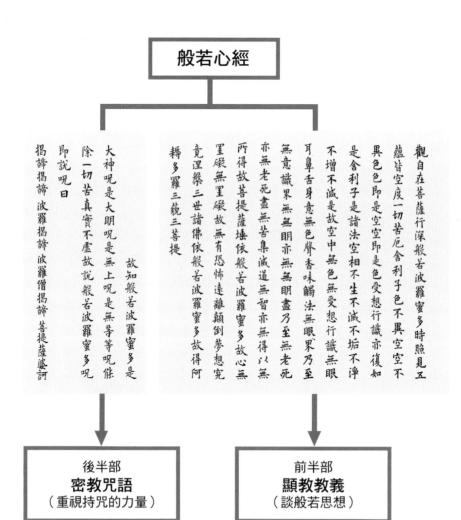

般若心經

揭諦揭諦 波羅揭諦 波羅僧揭諦 菩提薩婆訶
即說咒曰
除一切苦真實不虛故說般若波羅蜜多咒
大神咒是大明咒是無上咒是無等等咒能
故知般若波羅蜜多是
耨多羅三藐三菩提
竟涅槃三世諸佛依般若波羅蜜多故得阿
罣礙無罣礙故無有恐怖遠離顛倒夢想究
所得故菩提薩埵依般若波羅蜜多故心無
亦無老死盡無苦集滅道無智亦無得以無
無意識界無無明亦無無明盡乃至無老死
耳鼻舌身意無色聲香味觸法無眼界乃至
不增不減是故空中無色無受想行識無眼
是舍利子是諸法空相不生不滅不垢不淨
異色即是空空即是色受想行識亦復如
蘊皆空度一切苦厄舍利子色不異空空不
觀自在菩薩行深般若波羅蜜多時照見五

後半部
密教咒語
（重視持咒的力量）

前半部
顯教教義
（談般若思想）

17

18

密教的「般若佛母」與《心經》有什麼關係？

在大乘佛教中，特別是轉型發展出的密教，經常將智慧般若視為宇宙運行的陰性法則，並產生神格化女神或佛母的圖像，像般若佛母就是《心經》的神格化表現。

◎ 諸佛以般若為母

《心經》除了玄奘的譯本最為通行外，重要的譯本還有宋代施護所譯的《佛說聖佛母般若波羅蜜多經》。比較特別的是，此經名上出現「聖佛母」的女性稱謂。為何原是證悟空理智慧的「般若」，會與具人格性的「聖佛母」有關呢？這位「聖佛母」指的是誰呢？

事實上，「聖佛母」並非指稱某個人，而是形容諸佛皆由般若而證悟的一種象徵。這在經論中也可找到相關的形容，例如：「般若波羅蜜，是諸佛母，父母之中，母之功最重，是故佛以般若為母。」（《大智度論》，卷三十四）、「摩訶般若波羅蜜，是諸菩薩摩訶薩母，能生諸佛，攝持菩薩。」（《大品般若經·薩陀波崙品》）便點出了「般若」與「母性」的雙重特質。**在大乘佛教中，特別是後來轉型發展出的密教，經常將智慧（般若）與空性視為宇宙運行的陰性法則，並產生神格化的女神或佛母的圖像。**

◎ 般若佛母的特徵

在藏傳佛教中，《般若波羅蜜多經》轉化成擬人神格化的女性菩薩，簡稱「般若佛母」或「心經女神」，其梵語名號即是「般若波羅密」（Prajnaparamita）。在造像上，佛母採禪定姿，一面四臂或六臂，胸形豐滿，姿態婀娜，**具備強烈女性軀體的特質**。較常見的四臂佛母，中央兩手結無畏印與禪定印，其他兩手分持《心經》與念珠（或金剛杵）。六臂者中央兩手結轉法輪印，其餘四手分持《心經》、金剛杵與一朵藍色蓮花。因此，《心經》是般若佛母最重要的持物。

般若佛母

在藏傳佛教裡，《般若波羅蜜多心經》所代表的般若智慧被神格化為般若佛母，或稱為心經女神，具有強烈女性身軀以及多臂的特質。

《心經》

Prajnaparamita -hrdaya-sutra

神格化

般若佛母
Prajnaparamita

般若經擬人化的女神

特徵
多臂與強烈的女性身軀

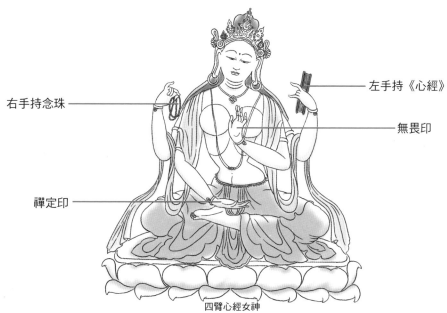

右手持念珠

禪定印

左手持《心經》

無畏印

四臂心經女神

般若佛母 ＝ 心經女神 ＝ 智慧女神（goddess of wisdom）

19

為何人人都愛讀《心經》？

《心經》字句簡短、聲韻順暢、含義深遠、可得現世利益，使得它成為最普遍、最深入人心的佛經。

《心經》以二百六十個字，濃縮了 600 卷《大般若經》的要義，可說是般若思想的核心，也是佛法教義的結晶。它也是字數最少，詮理最深奧微妙的大乘般若教典。為何人人都愛讀《心經》呢？就是因為它字句簡短、聲韻順暢、含義深遠、可得現世利益，使得它成為最普遍、最深入人心的佛經。

◎ 簡單明瞭

同樣是般若思想的經典，《金剛經》超過五千個字，繁多不易背誦，而《心經》總共二百六十字，簡單明瞭，非常適合初學者背誦。

◎ 適合口誦

整本經字句語調順暢，容易誦讀，例如「色即是空，空即是色」，人人皆可朗朗上口。

◎ 思想深遠

簡短的「是諸法空相，不生不滅，不垢不淨，不增不減」四經句，即闡明諸法實相的真理。同時也呈現完整的大、小乘思想，包括五蘊、十二處、十八界、四諦、十二因緣、六波羅蜜多，為人乘、聲聞乘、緣覺乘，乃至於菩薩乘的修行者提供不同的教法。

◎ 可得功德利益

「菩提薩埵，依般若波羅蜜多故……無有恐怖，遠離顛倒夢想，究竟涅槃」，這段經文說明菩薩因般若波羅蜜多而得到的功德，也說明「三世諸佛依般若波羅蜜多故」，有了「阿耨多羅三藐三菩提」的佛果。最後讚歎不可思議的咒語力量：「故知般若波羅蜜多是大神咒，是大明咒」，最終「能除一切苦」。當有了明確清楚的功效利益，在誦讀《心經》時更能加強信心。

《心經》流行的四個原因

只要是大乘佛教盛行的地方，就看得到《心經》，特別是東亞地區，人們對於《心經》耳熟能詳，多能讀誦經句，可說是最普遍、最深入人心的佛教經典。

1 簡單明瞭

總共260字簡單明瞭
方便初學者記憶

2 適合口誦

語調順暢容易誦讀
「色即是空，空即是色」
人人皆可朗朗上口

3 思想深遠

1.闡明諸法實相的真理
2.大小乘完整思想

4 功德利益

1.菩提道的證悟
2.諸佛的果位
3.唸誦咒語的力量

無眼耳鼻舌身意

無眼界乃至無意識界

無無明亦無無明盡乃至

無老死亦無老死盡無苦集滅

以無所得故菩提薩埵依般若波

心無罣礙無罣礙故無有恐怖

遠離顛倒夢想究竟涅槃三世諸佛依般

Part 2

逐字解經

詳解53句經文

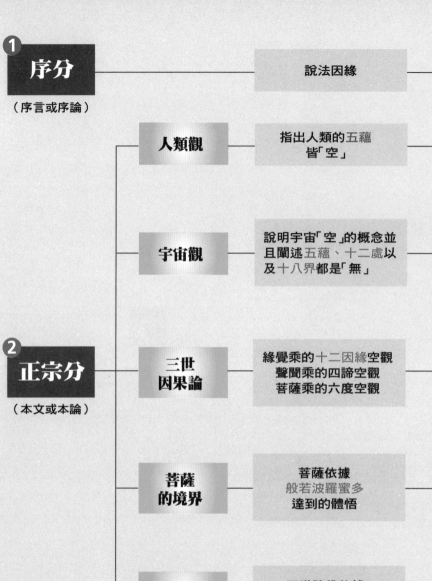

① 序分
（序言或序論）

說法因緣

人類觀

指出人類的五蘊
皆「空」

宇宙觀

說明宇宙「空」的概念並
且闡述五蘊、十二處以
及十八界都是「無」

② 正宗分
（本文或本論）

**三世
因果論**

緣覺乘的十二因緣空觀
聲聞乘的四諦空觀
菩薩乘的六度空觀

**菩薩
的境界**

菩薩依據
般若波羅蜜多
達到的體悟

**佛陀
的境界**

三世諸佛依據
般若波羅蜜多
的終極體悟

② 流通分
（結論）

本經結論與咒語

4句

觀自在菩薩① 行深般若波羅密多時② 照見五蘊皆空③
度一切苦厄④

7句

舍利子⑤ 色不異空⑥ 空不異色⑦ 色即是空⑧ 空即是色⑨
受想行識⑩ 亦復如是⑪

11句

舍利子⑫ 是諸法空相⑬ 不生不滅⑭ 不垢不淨⑮ 不增不減⑯
是故空中無色⑰ 無受想行識(五蘊)⑱ 無眼耳鼻舌身意⑲
無色聲香味觸法(十二處)⑳ 無眼界㉑
乃至無意識界(十八界)㉒

6句

無無明㉓ 亦無無明盡㉔ 乃至無老死㉕ 亦無老死盡㉖
無苦集滅道㉗ 無智亦無得㉘

8句

以無所得故㉙ 菩提薩埵㉚ 依般若波羅蜜多故㉛ 心無罣礙㉜
無罣礙故㉝ 無有恐怖㉞ 遠離顛倒夢想㉟ 究竟涅槃㊱

3句

三世諸佛㊲ 依般若波羅密多故㊳ 得阿耨多羅三藐三菩提㊴

14句

故知般若波羅蜜多㊵ 是大神咒㊶ 是大明咒㊷ 是無上咒㊸
是無等等咒㊹ 能除一切苦㊺ 真實不虛㊻
故說般若波羅蜜多咒㊼ 即說咒曰㊽ 揭諦㊾ 揭諦㊿
波羅揭諦51 波羅僧揭諦52 菩提薩婆訶53

1

觀自在菩薩①

「觀自在菩薩」與眾所周知的觀世音菩薩是同一個人，但也可以是指般若智慧已達自在境界的任何菩薩。

◎ 觀自在與觀世音

有些人在讀誦《心經》時，可能不知道首句中的「觀自在菩薩」，其實與眾所周知的觀世音菩薩原來是同一個人。那麼，為何會有兩個完全不同的譯名呢？那是因為梵語 Avalokitesvara 一字經拆解後，**其字根有不同解釋的緣故**。鳩摩羅什五世紀的譯本稱為「觀世音」，七世紀時，玄奘的譯本改稱為「觀自在」，而現代則已習慣稱為「觀世音」或「觀音」。但也有人認為，《心經》中的觀自在菩薩並非一定是指一般所知住在普陀洛山（Potala）的觀音菩薩，**他可以是般若智慧已達「自在境界」的任何菩薩**。

◎ 菩薩的梵語字義

「菩薩」一詞是「菩提薩埵」（Bodhisattva）的簡稱，第一個字根 bodhi（菩提）是梵語音譯，意思是「完美智慧的覺醒」或「真理的覺悟」，一般佛教典籍多譯為「覺」，能修成菩提是所有佛教徒的最終理想。第二個字根 sattva（薩埵），有生命、情感、本質之意，譯為「有情」或「眾生」。bodhi 與 sattva 兩字合譯為「覺有情」，簡單地來說，**就是「讓一切眾生覺悟完美智慧的本質」**。「菩提」是對真理的覺悟（自覺），「菩提薩埵」是致力於讓一切眾生得以覺悟（由自覺走向覺他），在這進行的過程中達到究竟覺悟者，則為佛陀（Buddha）。菩薩是自覺、覺他的進行式；佛陀則為完成式，是更高的自覺、覺他、覺行圓滿的狀態。

《心經》的第一句話「觀自在菩薩，行深般若波羅蜜多時」的菩薩，究竟是什麼意思呢？菩薩是梵語 Bodhisattva 的簡稱，可以分成 bodhi 和 sattva 兩個部分來解釋：

Bodhisattva （菩提薩埵）

=bodhi（菩提） + sattva（薩埵）

「埵」要唸ㄉㄨㄛˇ

❶ bodhi ＝菩提（音譯）＝完美的智慧（perfect wisdom）

＝覺悟（enlightment）＝覺（佛教典籍多半譯為「覺」）

❷ sattva ＝薩埵（音譯）＝有生命的（a living being）或有感情意識的

（a sentient being）＝生命體（creature）＝有情（佛教典籍的常見譯法）

❸ bodhisattva ＝菩提薩埵（音譯）＝菩薩＝覺有情＝追求菩提（完美智慧）的有情眾生

Bodhi	Bodhisattva	Buddha
自覺	自覺+覺他	圓滿覺悟
對真理的覺悟	致力於讓一切眾生得以覺悟	達到自覺、覺他的圓滿狀態

到底是「聖觀自在」？還是「聖觀世音」？

在梵文版的《心經》裡，「觀自在」是這樣寫的：Aryavalokitesvaro，該字的原形是Aryavalokitesvara，可拆解成三個字根，依據字根有聖觀自在與聖觀世音兩種不同的譯法。

聖觀自在

Aryavalokitesvara 的第一種譯法是「聖觀自在」，是西元七世紀中國唐代高僧玄奘的譯法。觀自在的譯法是強調「無論是自利或利人，都能得到大自在」，同時也點出這位菩薩「觀一切法很自在」。該字詞源自三個字根：arya + avalokita + isvara。

阿唎耶（arya）這個字眼好像聽過，其實在大悲咒裡就有它，我還以為是印度的雅利安人，原來是指聖潔的人。

梵語學習

Aryavalokitesvara = arya + avalokita + isvara

❶ arya：聖、聖潔，經常音譯為「阿唎耶」

❷ avalokita：觀、觀察、觀照到的

❸ isvara：自在、自主，等於英文 be capable of

原來玄奘《大唐西域記》的「阿縛（ㄈㄨˋ）盧枳（ㄓˇ）多」，就是 avalokita 的音譯，我還以為是個特殊的咒語。

聖觀世音

Aryavalokitesvara 的第二種譯法「聖觀世音」，是西元五世紀西域龜茲高僧鳩摩羅什的譯法。觀世音的譯法是特別強調「經常觀察世人稱念他的名號，或觀聽世人痛苦的聲音，而前去解救」的特性。該字詞源自三個字根： arya + avalokita +svara。

梵語學習

Aryavalokitesvara=arya + avalokita +svara

❶ arya：聖、聖潔，經常音譯為「阿唎耶」

❷ avalokita：觀、看見、觀察

❸ svara：聲音

❹ 觀世音的世是因為 loka 在梵文裡有「世界之意」，所以成為觀世音的譯法。

比較玄奘和鳩摩羅什的翻譯

兩位偉大的譯經師五世紀的鳩摩羅什與七世紀的玄奘，對於梵語Avalokitesvara這一詞，因為拆字的方式不同而有不同的譯法，前者譯為觀世音，後者譯為觀自在。

Avalokita

觀

➕ ➕

svara   isvra

音（聲音）   自在

觀世音	觀自在
（譯者）	（譯者）
五世紀	七世紀
西域的龜茲高僧	中國唐代高僧
鳩摩羅什	玄奘

「自在」的由來：
isvara的字根是is，原意是「控制、統治」。因此isvara成為統治者的意思。引伸為「獨立自在者」，漢文譯為自在。

「觀自在」強調菩薩能自利利他，得到大自在；「觀世音」強調菩薩能聞聲救苦，解救眾生。兩者都能得到人們的認同。

逐字解經

1

觀自在菩薩

2

行深般若波羅蜜多時②

這句說明了觀自在菩薩此時處於甚深微妙的修行狀態之中，正在體悟不同於凡夫的智慧。

「行深般若波羅蜜多時」應如何斷讀呢？正確的斷讀是「行深‧般若‧波羅蜜多‧時」。

「般若」是指通達真理的無上妙慧；「波羅蜜多」是指到彼岸；「般若波羅蜜多」是說般若如船隻，能將眾生從生死的此岸，渡到不生不滅的涅槃彼岸。

◎「行深」二字的深刻含意

「行深」一詞說明觀自在菩薩處於甚深微妙的修行狀態之中，正在體悟不同於凡夫的智慧。大乘佛教認為透由六波羅蜜——布施、持戒、忍辱、精進、禪定、般若等六種修行德目，便有機會到達彼岸的。《心經》的開頭就是點出觀自在菩薩**正處在修習般若波羅蜜多的狀態之中**。

為何要加入「深」這個字呢？那是因為般若智慧有不同的層次，聲聞乘與緣覺乘者體驗的般若智慧是相對的，兩者都是依據人類的推理判斷，因了悟因果而生的智慧。而觀自在菩薩的智慧是直觀真理的本體，超越文字、語言，是絕對的般若智慧。**為了要與聲聞、緣覺聖者的般若智慧作區隔，於是在般若之前加個「深」字**，表示菩薩的智慧是甚深的。所以，觀自在菩薩此「時」依據「深」般若，照見宇宙真理的本體，以般若波羅蜜多而完成自利、利他的理想。

般若有深淺之分？

般若與凡常人的智慧有何不同？

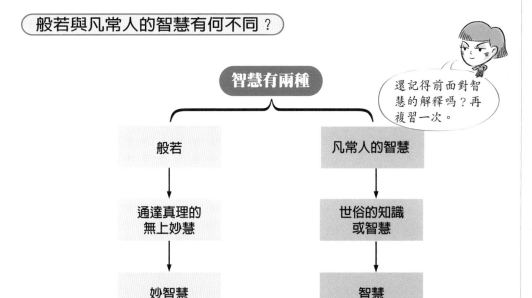

智慧有兩種

還記得前面對智慧的解釋嗎？再複習一次。

般若	凡常人的智慧
↓	↓
通達真理的無上妙慧	世俗的知識或智慧
↓	↓
妙智慧	智慧

常以「妙」字來區隔

深般若與淺般若

淺般若	依據人類的推理判斷，了悟因果而生成的智慧。	相對的智慧	自覺	聲聞乘與緣覺乘的聖者（小乘聖者）
深般若	超越文字語言，直觀真理的本體而生成的智慧。	絕對的智慧	自覺、覺他	觀自在菩薩（大乘菩薩）

聲聞乘指的是聽聞佛陀的聲教而得到智慧，斷除煩惱的人。

緣覺乘指的是透過獨自觀十二因緣而獲得智慧，斷除煩惱的人。這種人根器銳利，不必透由佛的聲教，又叫獨覺乘。

3

照見五蘊皆空③

「照見」是一種「直觀」，是般若觀慧的作用。觀自在菩薩以智慧照見構成存在的五蘊，是空無實體的。

當觀自在菩薩修習深奧的般若波羅蜜多法門時，會體悟不同於凡夫所認知的智慧。「照見」，梵語 vyavalokayati，是一種「直觀」，是般若觀慧的作用，**在直接而無任何媒介的狀態下觀察宇宙人生的真理**，而領悟其空性。觀自在菩薩以般若波羅蜜多所直觀的對象是什麼呢？那就是佛陀所說構成物質與精神一切元素的五種法——五蘊。

◎了知眾生繫縛於生死的原因

「五蘊」，梵語 panca skandha，又稱為「五陰」，「蘊」或「陰」的意思是積集、聚集。五蘊包括色蘊、受蘊、想蘊、行蘊、識蘊，是構成人身的五種要素。色蘊是指一切物質的現象，其餘四種都是指精神現象，這便是說人身是由色、受、想、行、識的聚集而構成。

一般人總感覺有個自我存在，而佛陀便以這五蘊指出自我是不存在的，若想要離開五蘊而尋找自我，是不可得的，一切身心現象的活動只是五蘊的作用而已。**但若以為五蘊就是自我，那也是錯誤的見解**，因為五蘊本身也是因緣和合而存在，是空的。能照見五蘊的本質是空的，就能見到一切法的本質同樣都是空的，而不會以為它們是實有而產生執著了。

觀自在菩薩以智慧照見構成存在的五蘊，是空無實體的，如此了知繫縛於生死的原因，而能「度一切苦厄」。

五蘊

五蘊就是色蘊、受蘊、想蘊、行蘊、識蘊。第一種屬於物質，後四種屬於精神，是構成人身的五種要素。五蘊用簡單的話講，就是指一切有形的生理和無形的心理現象。

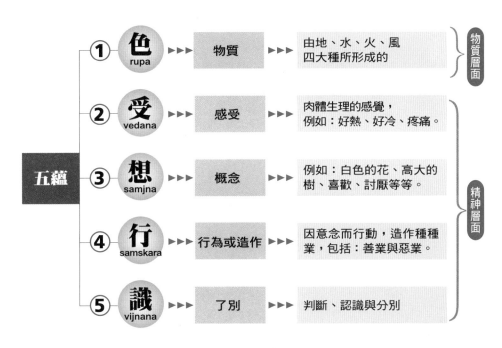

梵語學習

Panca Skandha 五蘊或五陰

❶ panca：五 　　　　　　　　　　　❷ skandha：積集、聚集

色	受	想	行	識
rupa	vedana	samjna	samskara	vijnana
物質	感受	概念	意志	了別
一切有形象或是佔有空間的物質	眼睛看見外境時所產生的熱的、苦的、樂的、不苦不樂的感受	對所見的事物所形成的概念	集中注意力於觀看	對所看到的對象進行分別判斷

度一切苦厄④

觀自在菩薩因照見五蘊皆空,而能度一切苦厄。「苦」是苦痛,「厄」是困難,兩者都是因爲執著於五蘊不空所致。

觀自在菩薩因照見五蘊皆空,而能度一切苦厄。苦厄可分成「苦」與「厄」兩部分來解釋,「苦」是苦痛,「厄」是困難;或說「苦」是生死苦果,「厄」是煩惱苦因,能厄縛眾生,**兩者都是因爲人執著於五蘊不空所致**,因眾生將自己看成真有實體,隨之而來的便是無盡的苦痛。在《心經》的前四句,點出觀自在菩薩以般若波羅蜜多而照見五蘊皆空,這是自利、自度,是自我的解脫道;也點出觀自在菩薩以般若波羅蜜多而度一切苦厄,這是利他、救世,是利益眾生的濟度行。

「照見五蘊皆空,度一切苦厄」這兩句經文點出觀自在菩薩的修行狀態:

照見五蘊皆空	自利、自度	為了自己的解脫道
度一切苦厄	利他、救世	利益眾生的濟度行

◎ 八苦與八難

眾生的苦痛、困難不外內、外兩種,內是屬於自己身心的,外則是外在環境因素而引起的。佛陀教導苦聖諦時說有八種苦——生、老、病、死、愛別離、怨憎會、求不得、五陰熾盛等苦,前四種即屬於身心的苦,後四種則是外起的痛苦。苦聖諦論及八苦,是要眾生能認清一切的苦是由於將自己看成實體而造成的,這是產生痛苦的關鍵之處。

至於「厄」所象徵的困難有哪些呢?在諸經中,佛陀並未有明確的說明,我們可引藏傳佛教中救苦救難的六字觀音作參考,他是能救度八種危難的慈悲菩薩,這八種危難隱喻貪、瞋、癡三毒。

八苦

佛陀闡述的四聖諦苦、集、滅、道之中，苦諦共有八苦。前四種是生、老、病、死，這是屬於身體層面的苦。後四種是由外在引起的痛苦，包括愛別離苦、怨憎會苦、求不得苦、五陰盛苦。

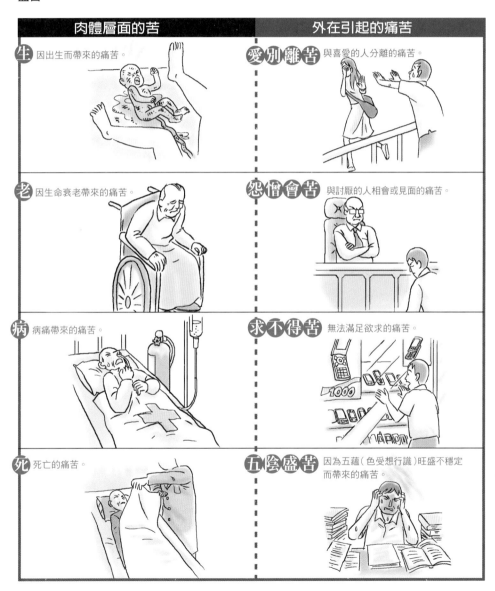

肉體層面的苦	外在引起的痛苦
生 因出生而帶來的痛苦。	**愛別離苦** 與喜愛的人分離的痛苦。
老 因生命衰老帶來的痛苦。	**怨憎會苦** 與討厭的人相會或見面的痛苦。
病 病痛帶來的痛苦。	**求不得苦** 無法滿足欲求的痛苦。
死 死亡的痛苦。	**五陰盛苦** 因為五蘊（色受想行識）旺盛不穩定而帶來的痛苦。

◎ 梵文本《心經》並無「度一切苦厄」一句

在現存梵文諸多版本中,並無「度一切苦厄」這段經句。為何在玄奘的譯本中多了這段經句?佛教學者也多有疑惑,且有兩種不同的解釋。根據《大正藏》收錄西安大興善寺牆上所刻的觀音寫本前言,有描述觀世音菩薩化作一位老弱的病人。當玄奘西行前經過四川,因緣際會之下,老者將《心經》傳給他。玄奘在險惡旅途過程中,《心經》協助他度過種種難關苦厄。因此,回國後翻譯此經時,特別增加一句「度一切苦厄」,以感念誦讀《心經》所帶來的偉大力量。但是以這故事要佐證玄奘增加經句一事,是有待商榷的。因為玄奘譯經的特色除了尋求梵文原典的全本外,就是絕對忠於原典,不會任意更改刪補,所以應不可能為了見證,而自行增加了經句。

另一種可信度較高的說法是,學者發現鳩摩羅什的譯本也有「度一切苦厄」這句話。**此譯本比玄奘的譯本至少早了兩百多年,兩者內容大致相同,因此推測玄奘參考了鳩摩羅什的譯本。**

八難

《心經》說「度一切苦厄」，這裡的「厄」代表困難，是煩惱苦因，能厄縛眾生。佛教有八難（八種困難）的說法，下面我們以西藏能救苦救難的六字觀音為例，說明觀音能救助哪八種苦難？

獅子侵襲之難→驕傲

野象襲擊之難→執著狂熱

毒蛇攻擊之難→嫉妒

火難→怨恨

盜取之難→邪見

魔難→非人難

牢獄之難→吝嗇

水難→貪慾

舍利子⑤

「智慧第一」的舍利子，在與般若經有關的眾多經典中，經常扮演對話者。他智慧敏捷，善說佛法，是比丘們的模範與良師。

舍利子是佛陀的十大弟子之一，號稱「智慧第一」。他原是位婆羅門，起初是印度懷疑論派的代表者刪闍耶（Sanjaya）的弟子，後因感動於馬勝比丘（Assaji）說「因緣所生法」的偈頌，而改學佛法。這位馬勝比丘是當時最早在鹿野苑聽聞佛陀說法的五比丘之一。舍利子追隨佛陀之後，持戒多聞，智慧敏捷，對佛法有甚深的體悟，且善說佛法，是比丘們的模範與良師，**當佛陀有事不在時，他還會代替佛陀說法，給予比丘們指導與教誡**。他也是佛陀之子羅睺羅（Rahula）的老師。

◎ 舍利子的梵語原意

舍利子，梵語 Sariputra，此中文譯名是音譯 Sari（舍利）與意譯 putra（孩子）合併翻譯而成。「舍利」是舍利子母親的名字，古印度有一種鳥名為舍利，眼力最明快銳利，舍利子母親的眼睛似舍利，故而得名，而舍利所生的孩子就稱為「舍利子」。此外，舍利子尚有「鶖鷺子」（如《六度集經》）與「舍利弗」（如《佛說阿彌陀佛經》）的譯法。

◎ 舍利子的獨特地位

為何《心經》的當機者是舍利子，而不是別的弟子呢？因為《心經》的主旨是要發揮智慧空性的，而舍利子是佛弟子中「智慧第一」者，所以才由他來作為當機者。

在法月所譯的《普遍智藏般若波羅蜜多心經》又稱他為「慧命舍利弗」。「慧命」是比丘的尊稱，說明比丘博聞強識，「以廣大甚深之慧為命」（《勝鬘寶窟中本》），有時「慧命」又稱「慧壽」。此外，在般若與利言合譯的《般若波羅蜜多心經》中，稱舍利子為「具壽舍利弗」，「具壽」是「慧命」**的另一種譯法，是說比丘不但具有世間的壽命，而且具有法身的慧命。**

Sariputra （舍利子）

＝sari（舍利）+ putra（子）

❶ sari：舍利，古印度的一種鳥，眼力銳利。

❷ putra：孩子

❸ 「舍利」是舍利子母親的名字。據說舍利子的媽媽有好眼力，好像古代印度一種稱為「舍利」的鳥，所以舍利媽媽所生的孩子就叫舍利子。

據說，舍利子當年在路上遇見托缽的馬勝比丘，見他舉止安詳，風度感人，便上前詢問以誰為師。馬勝比丘以偈回答：「諸法因緣生，諸法因緣滅。諸行無常，是生滅法，生滅滅已，寂滅為樂。我佛大沙門，常作如是說。」舍利子聽聞此偈後，忽有所悟，宛若晨曦與星光穿越了黑暗雲層。

諸法因緣生，諸法因緣滅。諸行無常，是生滅法：生滅滅已，寂滅為樂！

逐字解經

5

舍利子

93

6 色不異空⑥ 空不異色⑦

觀自在菩薩一開始便開宗明義，清楚點出了色與空兩者相互依存而不相離的關係。這句話是說：色若離開空，便無法存在；空若離開色，也無法顯出空。

從這個段落開始有一連串對空的闡述，除了以凡夫的角度來看空，也涵蓋聲聞乘者與緣覺乘者不同層面的空。觀自在菩薩先以「色不異空，空不異色；色即是空，空即是色；受、想、行、識，亦復如是」六句話，來說明五蘊皆空。在此先解釋關鍵性的兩句──「色不異空，空不異色」，它是說明「色」與「空」的關係。

◎ 空的定義

就中文字面上的意思而言，「空」的意義很多，最常見的是指「沒有東西的」，例如：空屋、空手而回、赤手空拳。或可解釋成「不切實際的」，例如：空言、空論。它也可用來形容具體事物的「廣闊、高曠」，例如：海闊天空。此外，還有「虛無所有」的抽象形容，例如：撲空、買空、賣空等。

然而，「空」（sunya）在佛教是種嚴肅的哲學概念，是佛教思想中最重要的關鍵語彙之一。**佛教所謂的「空」，並非單指「空無一物」，而是指一切事物的現象都有各自的因緣，並無實體。**因為在「空」的概念之下，一切事物的本質是短暫的、不真實的、不穩定的、無常的，而且彼此相互依存，因條件而存在或依對方的存在而存在，並無自我，也無自性。無論是「空門」或「色即是空，空即是色」，都是描述這種沒有真實性的存在狀態。例如，本經接著所說的：「是諸法空相，不生、不滅；不垢、不淨；不增、不減」，或《大智度論》所說：「人愛著空相，墮在斷滅」，都是對「空」不同層面的描述。

空與色的定義

「空」認為一切事物的現象都有各自的因緣，並無實體的概念。在空的概念之下，一切事物的本質是短暫的、不真實的、不穩定、無常，而且彼此相互依存。與「空」對應的是「色」，意指具體形象的事物，是人類感官所對應的對象。

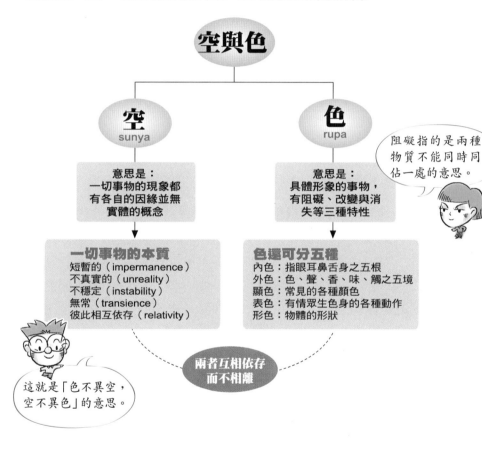

空與色

空 sunya

意思是：
一切事物的現象都有各自的因緣並無實體的概念

一切事物的本質
短暫的（impermanence）
不真實的（unreality）
不穩定（instability）
無常（transience）
彼此相互依存（relativity）

這就是「色不異空，空不異色」的意思。

色 rupa

意思是：
具體形象的事物，有阻礙、改變與消失等三種特性

阻礙指的是兩種物質不能同時同佔一處的意思。

色還可分五種
內色：指眼耳鼻舌身之五根
外色：色、聲、香、味、觸之五境
顯色：常見的各種顏色
表色：有情眾生色身的各種動作
形色：物體的形狀

兩者互相依存而不相離

梵語學習

sunya 空

❶ 一切事物的現象都有各自的因緣，並無實體的概念。

❷ 等於英文 empty

rupa 色

❶一切有形象或是佔有空間的物質。

❷ 等於英文 form or thing

◎ 色的定義

與「空」對應的是「色」（rupa），意指**具體形象的事物，或是一切有形相、佔有空間的物質**。它嚴肅的哲學定義是「質礙」（有阻礙，兩種物質不可能同時同佔一處）、「變礙」（改變）、「變壞」（消失），這便是對一切事物現象的描述。

色還可分為內色、外色、顯色、表色、形色五種。內色是指眼、耳、鼻、舌、身之五根，來自於自身，故名內色。外色是指色、聲、香、味、觸之五境，來自於外在環境，故名外色。顯色是指我們常見的各種顏色，如青、黃、赤、白等。表色是指眾生色身的各種動作，如取、伸、屈等。形色是指物體的形狀，如長、短、方、圓等。

◎ 色不異空，空不異色

《心經》以「不異」、「即是」兩個概念來說明色與空的關係，在此先說「不異」。「不異」的意思是不離、無差別，「色不異空」是說色不能離開空，色若離開空，便無法存在。「空不異色」是說空不能離開色，若離開色，也無法顯出空。色與空兩者相互依存而不相離，無有差別，所以說「色不異空，空不異色」。

觀自在菩薩針對凡夫而說「色不異空」，因凡夫執著於相，錯以為一切境相都是實有，於是貪得無厭，產生煩惱。佛陀以此點醒迷惑的人們，一切色相虛幻不實，不可執著。

觀自在菩薩針對緣覺乘與聲聞乘者而說「空不異色」，因二乘體認凡夫執著於色相，而引生煩惱，於是致力於遠離色相。雖了斷生死之因，脫離六道輪迴，但因執著於空，因而廢色守空，終究不得解脫。

空與色的五種特性

九二一大地震

在「空」的概念之下，眼睛可見的繁榮景象都有可能會瓦解消失，因為事物的本質是不穩定的、無常的、無我的。它們因條件而存在，因特定的原因而顯現，依對方的存在而存在。

地震前的繁榮街景或高樓屋舍

色的五種特質：

1. 內色：指眼、耳、鼻、舌、身之五根
2. 外色：色、聲、香、味、觸之五境
3. 顯色：常見的各種顏色
4. 表色：有情眾生色身的各種動作
5. 形色：物體的形狀

地震後的倒塌景象

空的五種特質：

1. 短暫的（impermanence）
2. 不真實的（unreality）
3. 不穩定（instability）
4. 無常（transience）
5. 彼此相互依存（relativity）

7

色即是空⑧ 空即是色⑨

反過來說，一切物質現象皆是空，而一切空也正是物質現象。兩者是一體的兩面，如同水波的比喻：從水中生起波，說明「空即是色」，當波又回歸於水，說明「色即是空」。

觀自在菩薩以「不異」的概念說明色與空的關係之後，接著再以「即是」的概念來說明。

「色即是空」的「是」，意思是「此」，而非「我是老師」的「是」，兩者意義不同。因此「色即是空，空即是色」可說成「色即此空，空即此色」。也就是說，一切物質現象皆是空，而一切空也正是物質現象。

如前所述，「色」是指有形的萬物，而這一切存在的事物，都是由因緣所生的，由種種條件所組合，並非本來實有。例如水因風吹而產生水波，水波是因有水與風而形成；當風停止吹動，水波隨之止息。水如同「空」，波代表「色」。從水中生起波，說明「空即是色」，當波又回歸於水，說明「色即是空」。

於是，在「空」的概念之下，無論是五蘊或五蘊構成的人身終究都會瓦解消失。一切事物的本質是不穩定的、無常的、無我的。它們因條件而存在，因特定的原因而顯現，依對方的存在而存在。因此，「色即是空，空即是色」說明了空不能離開五蘊，五蘊本身就是空。

空與色的比喻

水與水波的比喻

水就如同「空」，水波就如同「色」。當水因風吹而生起了水波，說明「空即是色」，當波又回歸於水，說明「色即是空」。

水因風吹而產生水波。
（空即是色）

當風停止吹動，水波隨之止息。
（色即是空）

電影的比喻

我們也可以放映電影來做比喻「色即是空，空即是色」：電影的劇情感人熱淚，但卻不是真實的，是經由放映機放映所呈現出來的景象，是假有，而非真實的

8

受想行識⑩ 亦復如是⑪

當色蘊一空，物質的虛幻消失了，跟著心理層面的四蘊——受（感受）、想（概念）、行（意志）、識（了別）也就都空了，所以說「受、想、行、識，亦復如是」。

「空」的概念不只是適用於五蘊中的色蘊，其他受、想、行、識四蘊也可獲得相同的推論。這四蘊雖是心理層面，但和物質層面的色法同樣是虛幻不實的。以眼睛看見外境為例，眼睛（色蘊）是空的；眼睛看見外境時所產生的苦、樂、不苦不樂的感受（受蘊）將也是空的；對所見的事物所形成的概念（想蘊），以及集中注意力於觀看（行蘊），還有了分別判斷所看到的對象也都是空的。色蘊一空，物質的虛幻消失了，跟著心理層面的四蘊就都空了，所以說「受、想、行、識，亦復如是」。

對這段經文，印順導師說：「空是一切法普遍而根本的真理，大至宇宙，小至微塵，無不如此，即無不是緣起無自性的。能在一法達法性空，即能於一切法上通達了。」歸納而言，「色不異空，空不異色；色即是空，空即是色；受、想、行、識，亦復如是。」這六句經文的意思是說，構成人身心一切的五蘊皆空。

依據經句的結構，除了「色不異空，空不異色」之外，還可推衍出：

受不異空，空不異受；

想不異空，空不異想；

行不異空，空不異行；

識不異空，空不異識。

同樣地，「色即是空，空即是色」之外，也可推衍成：

受即是空，空即是受；

想即是空，空即是想；

行即是空，空即是行；

識即是空，空即是識。

五蘊的代數法則

五蘊：色、受、想、行、識，是構成人身心存在的作用。當物質顯現在我們的眼前（色蘊）時，心理層面的感受（受蘊）、概念（想蘊）、意志（行蘊）、了別（識蘊）便跟著發生了。如果色蘊一空，物質的層面虛幻消失了，心理層面的四蘊就都跟著空了。

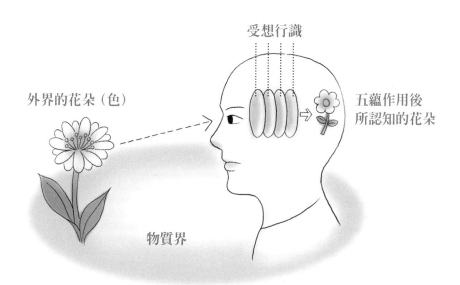

受想行識

外界的花朵（色）

五蘊作用後所認知的花朵

物質界

【考題】：已知色與空的關係是：色不異空，空不異色；色即是空，空即是色。
　　　　　那麼受、想、行、識呢？

【答】公式：□不異空，空不異□；□即是空，空即是□

代換→ 受不異空，空不異受；受即是空，空即是受
　　　 想　〃　，　〃　想；想　〃　，　〃　想
　　　 行　〃　，　〃　行；行　〃　，　〃　行
　　　 識　〃　，　〃　識；識　〃　，　〃　識

9

舍利子⑫ 是諸法空相⑬ 不生不滅⑭ 不垢不淨⑮ 不增不減⑯

一切法皆由因緣和合而生，並無自性，所以一切法是空性的。觀自在菩薩在此便是以「六不」的否定方式，來顯示超越相對概念的空性。

觀自在菩薩在親證五蘊皆空之後，進一步以「六不」——不生、不滅；不垢、不淨；不增、不減，來說明諸法的空性。這是將空性的認識由人類認知的層面擴展到宇宙層面的認知。

◎ 由人類觀到宇宙觀

上下四方是「宇」，代表空間；古往來今是「宙」，代表時間。「宇宙」兩個字涵蓋所有世界的空間與時間。《心經》從「色不異空，空不異色，色即是空，空即是色」的人類觀層面，到「不生不滅，不垢不淨，不增不減」的宇宙觀，對空性的認識更為寬廣。也就是**由我們這個身心是如何構成的認知（即物質世界的體悟），擴展到超越時間與空間的宇宙層面的認知。**

「是諸法空相」直譯是「此諸法空相」，這句話的意思是，此諸法的本來面目就是空相，或者是諸法的實相亦是空相。諸法未曾離開空相，所以說諸法空相。例如生與死本來是一個空相，但是唯有迷惑的時候才會感覺生死的存在。但如果以般若智慧來觀看，其實生死是空的。《心經》則以「六不」來說明諸法空相。以下分兩部分來說明：

◎ 一切法是空性的

「是諸法空相」的「是」等於「此」，「諸法」意指「一切法」，也就是內而身心，外而世界的一切法。「性」與「相」在佛典裡並無嚴格的分別，如實相、實性，一般譯經者也常常互用。所以，**空相等同於空性，空性即一切法的自性**，因為一切法皆由因緣和合而生，並無「自有、常有、獨有」的自性，所以一切法是空性的。

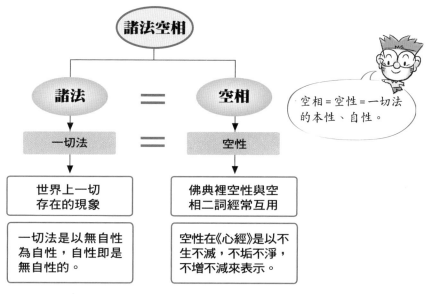

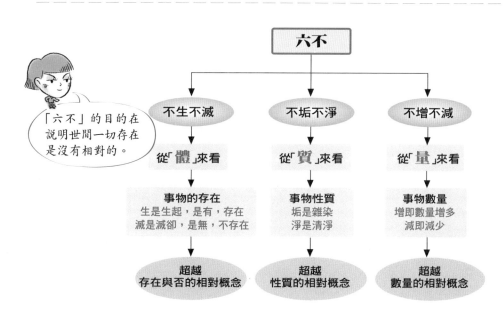

◎ **打破有限與相對的「六不」**

「不生不滅，不垢不淨，不增不減」是《心經》中著名的「六不」，是闡述空性義理最重要的六句話。為何《心經》要以生滅、染淨、增減，一組一組的否定方式來闡述空性呢？這是因為**人的言語、思想表達大多是有限的、相對的**，例如：人我（他人與自我）、是非、順逆、得失、美醜、憎愛。但「諸法空相」是說明世間的一切存在，不同於生滅、垢淨、增減的相對概念。觀自在菩薩在此便是以「不生不滅，不垢不淨，不增不減」的否定方式，來顯示超越相對概念的空性。

此外，這「六不」還可依體、質、量三方面來解釋「諸法空相」：（一）不生不滅，「生」是生起，是有；「滅」是滅卻，是無。這是就事物自體是否存在來解釋。（二）不垢、不淨，「垢」是雜染；「淨」是清淨。這是就性質上來分析 。（三）不增、不減，「增」是數量增多；「減」是減少。這是就數量上來說明 。簡單地說，**世間的一切事物，一般說來不外乎是體性的有無，性質的好壞，數量的多少。《心經》就是以這「六不」來說明諸法空相而顯示空性。**

六不的比喻

❶ 金杯的比喻：不生不滅

用金做成一個金杯，一個新物件誕生了。若把金杯熔化，金杯就沒了、滅了。好像金杯有生有滅，其實金杯的本體只是金，並無別物。杯成時，金也沒有生，杯滅時，金也沒有滅。所謂生滅只是眾生於無生無滅之中妄見種種生滅而已。

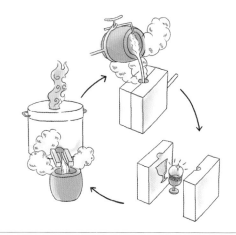

❷ 月亮的比喻：不增不減

初一的時候我們看見的月亮是上弦月，只有在十五、十六我們才看得見完整的月亮，其實月亮並沒有增減，這只是星球運轉所造成的視覺形象。

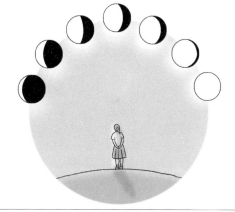

❸ 太陽的比喻：不垢不淨

滿天是烏雲的時候，看見的太陽是烏黑的，好像弄髒了。其實太陽並沒有髒，只是被烏雲遮蔽了。既然沒有髒，也就沒有什麼要恢復乾淨，它本來就是如此。之所以會有淨濁之分是因為眾生有分別心。

逐字解經

9

舍利子 是諸法空相 不生不滅 不垢不淨 不增不減

105

10

是故空中無色⑰，無受想行識⑱

到了這裡，《心經》從宇宙觀角度對「五蘊」再一次做了闡示，從「五蘊皆空」到「空中無五蘊」，是徹底看透五蘊的本質，因此無須害怕、逃避或執著了。

透由上一句「舍利子！是諸法空相：不生不滅，不垢不淨，不增不減。」闡述宇宙觀的空性概念之後，接著就是一連串空性的全新解釋，包括了第二次對五蘊的解釋，以及十二處、十八界在空性之中皆無的說明，這是佛教宇宙觀的精髓。

五蘊、十二處、十八界三者合稱為「三科」，它們是構成世界的元素，是宇宙組織的要素，也就是宇宙間的萬法。《心經》裡一共使用了六個「無」，說明空性之中無五蘊、無十二處、無十八界，一句接著一句以**「無」的否定方式來超越三科所架構的世界：**

> 是故空中無色，無受、想、行、識，無眼、耳、鼻、色、身、意，無色、聲、香、味、觸、法，無眼界，乃至無意識界。

◎ 從「五蘊皆空」走向「空中無五蘊」

從宇宙觀的層面，《心經》如何再次解說五蘊，並超越五蘊呢？就是「是故空中無色，無受、想、行、識。」這兩句話。用白話來說是：所以，在此空性狀態中，物質現象是假有，感覺（受）、概念（想）、意志（行）、了別（識）也都是假有。前面從人類觀談五蘊時說明「五蘊皆空」，而到了宇宙觀的解釋則是說「空中無五蘊」。兩者的體會有很大的差別，一定要分辨清楚：

第一，人類觀的層面是「五蘊皆空」，五蘊構成的現象是空的。這點小乘聖者已經能有深刻的體認，他們知道五蘊的無常、苦、空，因此急著要離開五蘊法的世界。這就如同知道酒色慾望的可怕，於是認真遠離酒色慾望，但心中依然存在著念頭，並未完全放下，因此不能算是真正的解脫。

小乘與菩薩乘追求的空性有何不同？

● 小乘聖者以人類觀追求「五蘊皆空」

就好像內心充滿情慾，所以想脫離情慾。

● 大乘菩薩追求「空中無五蘊」

就好像內心並沒有情慾，就沒有脫離或不脫離情慾這件事。

●不同的五蘊體認

	認識	層面	因應的態度	空
人類觀	五蘊皆空	小乘的境界	急於脫離五蘊法的世界	偏空
宇宙觀	空中無五蘊	菩薩乘的境界	超越害怕、逃避與執著的限制	究竟空

般若波羅蜜多心經

觀自在菩薩行深般若波羅蜜多時照見五

蘊皆空度一切苦厄舍利子色不異空空不

異色色即是空空即是色受想行識亦復如

是舍利子是諸法空相不生不滅不垢不淨

不增不減是故空中無色無受想行識無

耳鼻舌身意無色聲香味觸法無眼界乃至

無意識界無無明亦無無明盡乃至無老死

亦無老死盡無苦集滅道無智亦無得以無

所得故菩提薩埵依般若波羅蜜多故心無

罣礙無罣礙故無有恐怖遠離顛倒夢想究

竟涅槃三藐三菩提故知般若波羅蜜多是

耨多羅三藐三菩提故得阿

大神咒是大明咒是無上咒是無等等咒是

除一切苦真實不虛故說般若波羅蜜多咒

即說咒曰

揭諦揭諦 波羅揭諦 波羅僧揭諦 菩提薩婆訶

審視整本《心經》，260個字中共出現了21次的「無」字。「無」是《心經》最多的字，也是闡述空性最重要的字，空與無的緊密關係由此可見。

透由捨離五欲而獲得的這種空性體悟不算究竟，只能稱為偏空。

第二，宇宙觀的層面是「空中無五蘊」，既然五蘊是假有，就無須害怕五蘊，也不用逃避五蘊，更不會執著於五蘊。人類觀的「五蘊皆空」是小乘聖者追求的境界；宇宙觀的「空中無五蘊」則看透此點，超越了害怕、逃避與執著的限制。**菩薩乘所體悟的空性就是這種更為完整、更為究竟的空性體認，它超越小乘的偏空，這樣的空性體悟稱為畢竟空。**在這種無懼於五蘊之苦，生生世世留在世間關懷幫助眾生，是偉大的菩薩道。

人類觀的空性

五蘊皆空

色不異空・空不異色・
色即是空・空即是色・
受想行識・亦復如是・

宇宙觀的空性

諸法空相

是諸法空相・
不生不滅・
不垢不淨・
不增不減・

空中無五蘊

是故空中無色
無受想行識

空中無十二處

無眼耳鼻舌身意
無色聲香味觸法

空中無十八界

無眼界
乃至無意識界

有關三科空性的闡述
共計**6**個「無」

三科

五蘊

色受想行識

十二處

眼耳鼻舌身意
色聲香味觸法

十八界

眼界
乃至意識界

11 無眼耳鼻舌身意⑲無色聲香味觸法⑳

此處進入了六根與六塵的討論，這是一切認識活動的基礎。無六根代表身空，無六塵則是境空。了解六根是空的，六塵也就不會影響到自身。

在「六不」的概念下，前一單元談完「空中無五蘊」，本單元續談「空中無十二處」。

◎ 六根對應於六塵

眼、耳、鼻、舌、身、意六根與色、聲、香、味、觸、法六塵，合稱為「十二處」，它是對一切法的分類。**「處」的意思是生長、生起，還可代表所依託之處，是指一切精神活動，依此處得以生起。**觀自在菩薩對舍利子闡述十二處，主要是為了說明「空無自性」的道理。十二處是把世間的一切現象，總分為「內在能取」與「外在所取」兩類，我們的一切認識活動，都不離這能取與所取。這點不同於五蘊，五蘊僅談色、受、想、行、識，強調物質層面與精神層面，並無強調內、外之別。

「能取」是指眼根、耳根、鼻根、舌根、身根、意根等六根。這六根所指的不是外在可見的眼睛、耳朵等器官，而是一種極微細的物質（如視神經、耳神經等），佛法稱它們為「淨色根」。這些淨色根，就是我們認識外界的基礎。

「所取」是指色塵、聲塵、香塵、味塵、觸塵、法塵等六塵。為何會把色等六者稱為「塵」呢？**因為它們是外來的客體，是雜染的，如同塵土一般。**六塵之中的前五塵是比較容易理解，而第六塵「法塵」需做進一步的解釋。「法塵」是指語言、文字、思想等種種符號，凡是用來記憶、分析、思想的符號都可以稱為「法塵」。舉例而言，《心經》這本經的文字的思想、概念與分析都可以視為法塵，因為有了分別概念，所以法也是污染（塵）的一種。（下接第114頁）

十二處：人類認識活動的基礎（一）

「十二處」說明了我們生活中的認識活動是如何產生的。佛教把認識活動分為認識器官和認識對象。認識器官即眼根、耳根、鼻根、舌根、身根、意根，稱為六根。認識對象有色、聲、香、味、觸、法，稱為六塵。我們的一切認識活動，都是由根和塵相結合而生，故稱為十二處。

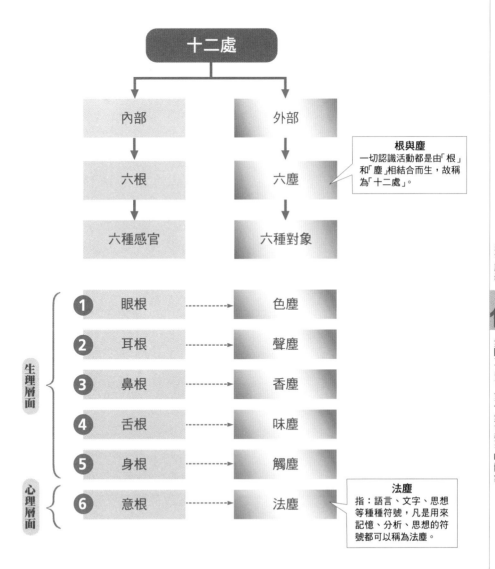

一切認識活動可以分為客體和主體的對應關係，或是內部與外部的對應關係。這種對應關係的任一方是互相依存的，無法獨立存在。

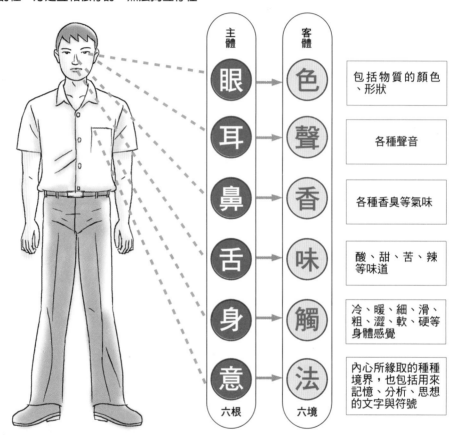

主體 | 客體

眼 → 色　包括物質的顏色、形狀

耳 → 聲　各種聲音

鼻 → 香　各種香臭等氣味

舌 → 味　酸、甜、苦、辣等味道

身 → 觸　冷、暖、細、滑、粗、澀、軟、硬等身體感覺

意 → 法　內心所緣取的種種境界，也包括用來記憶、分析、思想的文字與符號

六根　六境

梵語學習

indriyas：根。六根是六種感官，即眼根、耳根、鼻根、舌根、身根、意根。

gunas：塵。六塵是六種對象，即色塵、聲塵、香塵、味塵、塵觸、法塵。

ayatana：處。六根＋六塵＝十二處。

六塵＝六境＝六賊

依據《出涅槃經》的說法，「塵」代表染污的意思，好比空氣中的灰塵，過多會造成污染。「塵」會染污情識，而使真實本性無法顯發，所以涅槃經中稱此為「六塵」。六塵又名「六大賊」，意指它們能夠盜劫一切善法。

六塵：好比空氣中的灰塵

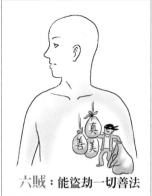

六賊：能盜劫一切善法

六境：客體的環境

意根與法塵

意根：可解釋成微細物質的感知系統，這如同生理學家所說的神經器官，是一切神經系統的總樞。

法塵：是指語言、文字、思想等種種符號。這些符號是被用來描述物質世界的，所以法塵被列入五蘊中的色法。舉例而言，《心經》的思想、概念與分析都可以視為法塵。法裡有了分別概念，所以法也是污染（塵）的一種。

逐字解經

11

無眼耳鼻舌身意 無色聲香味觸法

113

六根對應於六塵，眼根所取的是色塵，如青色、白色等顏色，或長短、方圓等形狀；耳根所取的是聲音；鼻根所取的是香或臭等氣味；舌根所取的是酸、甜等味道；身根所取的是冷暖、軟硬等觸感；**意根所取的是對前五塵分別好壞而起的善惡諸法，這也包括了用來記憶、分析、思想的文字與符號。**

◎ 身空與境空

根與境和合而生識，由此開始我們見、聞、覺、知的一切認識活動。而凡夫因認為根與境是實有的，所以產生許多妄見、煩惱，殊不知根與境也是無自性的，終究仍是空。要能真正體悟空性，身空與境空兩者皆重，所以《心經》說「無十二處」。**無六根代表個人身體的身空，無六塵則是外在環境的境空。**若能體認外界的六塵是空的，那麼身體的六根就不會產生與之相對的反應。同樣地，了解六根是空的，那麼六塵也就不會影響到自身，自然就不會在十二處中生起種種煩惱了。

五蘊與十二處的關係

五蘊法是透由物質層面與心理層面的來分析，前者代表色法，後者代表心法。色法對應色蘊，心法對應受、想、行、識等四蘊。至於十二處談的都是物質層面，由圖解可看出由「色蘊」延展至「十二處」。《心經》文中所說的「無眼、耳、鼻、舌、身、意，無色、聲、香、味、觸、法」，便是藉由十二處皆非實有，再一次解釋了「空無自性」的道理。

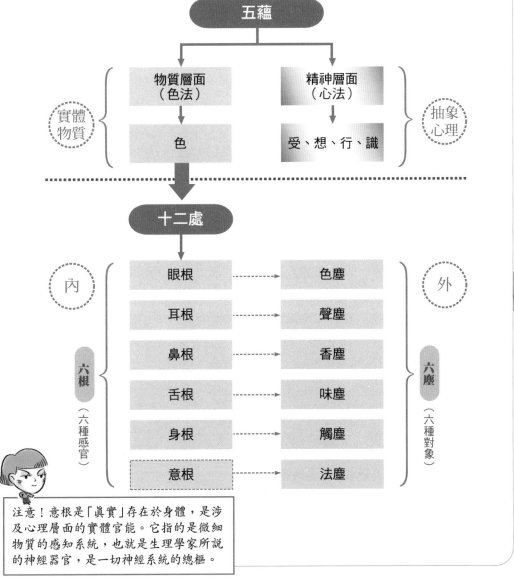

注意！意根是「真實」存在於身體，是涉及心理層面的實體官能。它指的是微細物質的感知系統，也就是生理學家所說的神經器官，是一切神經系統的總樞。

12

無眼界㉑乃至無意識界㉒

佛教認爲一切世間現象可以被歸納爲十八個構成要素，稱爲「十八界」。
這十八界由宇宙觀的層面來看，依然是空無。

◎ 什麼是十八界？

在《心經》裡，佛教的宇宙觀由五蘊開始詳細的邏輯推展。首先，五蘊的
物質層面（即色蘊）被分析成十二處。包括：認識的六種感官（六根）：
眼根、耳根、鼻根、舌根、身根、意根，以及六種認識的對象（六塵）：
色塵、聲塵、香塵、味塵、觸塵、法塵。一旦六根與六塵發生作用，**即會
產生心理活動**，這就來到了五蘊的精神層面（受、想、行、識等四蘊）。
這些精神層面的活動共可被分析成六種識，包括眼識、耳識、鼻識、舌
識、身識、意識，這些都是認識作用的精神層面。於是人類的身體與外在
環境的事物，經過意識的作用，也就是六根、六塵、六識的相互運作，最
後合併起來便構成了「十八界」。

◎ 界的意思是範圍、界限

為什麼稱為「界」呢？在中文裡，界含有範圍、界限之意。十八類中的六
根、六塵、六識，雖是互相關係的，但是在個別作用時，**彼此之間仍有明
確的差異性，分別處於互不相混淆的範圍界限**。如眼根（視神經）能見頭
髮的黑色，身根（皮膚神經）來感觸物件的軟硬，意根（腦神經）能產生
意識，顯然可見眼根、身根、意根三者有著明確差異的範圍界限。
至於，十八界彼此之間是如何運作的呢？例如當人賞花時，因眼睛看到美
麗的花朵，而內心發出讚嘆。這時認識的器官是眼睛（眼根），認識的對
象是花朵（色塵），而認識的作用就是心中對花的色彩、形狀的認識（眼
識），最後於內心產生美好感覺的便是意識！

◎ 界也有構成要素的意思

這裡的「界」是範圍、界限的意思，但十八界的「界」在諸多的英文典籍
被譯成 elements（構成的元素），似乎與範圍、界限的概念略有不同。印

十八界：人類認識活動的基礎（二）

十八界，梵語 astadasa-dhatavah，是指人們依據認識官能（六根），對應外界環境（六塵），會產生六種不同的認識作用（六識）。所以，十八界是六根、六塵與六識的總和。

認識的器官：眼睛
認識的對象：花朵
認識的作用：讚嘆好美麗的花！

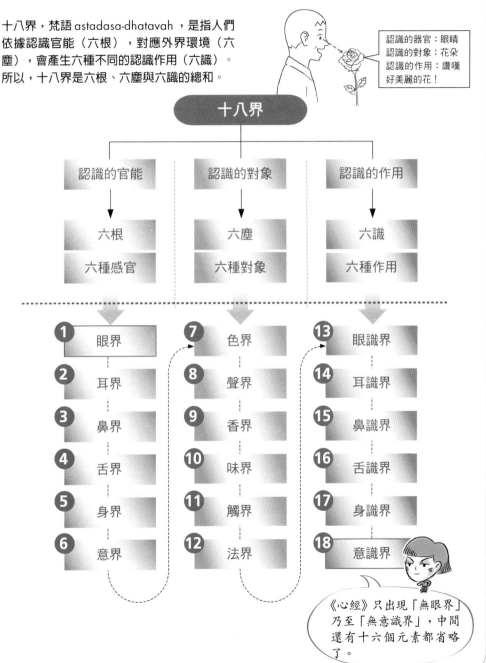

十八界

認識的官能	認識的對象	認識的作用
六根	六塵	六識
六種感官	六種對象	六種作用

1 眼界　　7 色界　　13 眼識界

2 耳界　　8 聲界　　14 耳識界

3 鼻界　　9 香界　　15 鼻識界

4 舌界　　10 味界　　16 舌識界

5 身界　　11 觸界　　17 身識界

6 意界　　12 法界　　18 意識界

《心經》只出現「無眼界」乃至「無意識界」，中間還有十六個元素都省略了。

順導師曾引用《阿毘達磨大毘婆沙論》的一段文章來解釋「界」，認為「界」是具有特性的不同質素，有質素、因素、自性、類性等意思。

早期印度佛教思想分析「蘊」、「處」、「界」三個概念，定義「五蘊」是**分析**「存在的構成要素」；「十二處」是**討論**「認識的構成要素」；「十八界」則是**詳加討論**「認識的構成要素」。

如此看來，英文用elements就很說得通了，十八界就是分析人類認識活動的十八個構成要素。也因此，佛教在描述世間一切存在事物會以十八界作為描述，由第一個眼界開始，最後止於意識界。

《心經》所談的空性，「蘊」、「處」、「界」是關鍵語彙，空性之中無五蘊，空性之中也無十二處，空性之中仍然是無十八界，所以《心經》說「無眼界，乃至無意識界」。

五蘊、十二處、十八界的關係

世間一切的認識活動可以依據三科「蘊」、「處」、「界」來解釋。也可以由五蘊中分成物質部分與心理部分來說明。三科與五蘊的分析，兩者最後都來到了十八界。五蘊是空，十二處也是空，當然十八界還是空。

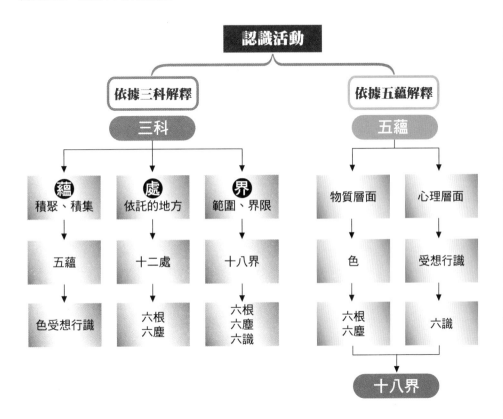

幾個關鍵語詞的比較

在分析《心經》時，總會看到很多關鍵字詞，若不了解其關鍵意義，會看得一頭霧水。以下總整理幾個重要梵語意譯的關鍵詞語：

- 五蘊的蘊：聚積。五種性質相似的事物聚積，構成人類的身與心。
- 六根的根：生長。如同樹木有樹根，能生枝幹，於是六識可依六根而生出。
- 六入的入：侵入。受外界侵入的感官。共有六種感官。
- 六塵的塵：污染。外在的環境對純淨的心造成污染。
- 十二處的處：依託的地方。
- 十八界的界：種類界限。

13

無無明㉓亦無無明盡㉔乃至無老死㉕亦無老死盡㉖

十二因緣依因果的法則而呈現生死輪迴的相狀。它是無自性的，所以沒有無明至老死的生起相，也沒有無明至老死的滅盡相。

在說明十八界是空性之後，觀自在菩薩接著說明十二因緣也是空性的。他以「無無明，亦無無明盡；乃至無老死，亦無老死盡」四句的縮減形式，總括來談十二因緣的流轉與還滅。

◎ 十二因緣的內容

何謂十二緣起？「**緣起**」是指因「**此**」而有「**彼**」的意思，說明有此法的生起，才有彼法的生起，諸法是相互依存的。世間一切因果法的存在，也都是如此。「十二因緣」是指共有十二個法，依因果的法則，而呈現生死輪迴的相狀。十二因緣就是無明緣行，行緣識，識緣名色，名色緣六入，六入緣觸，觸緣受，受緣愛，愛緣取，取緣有，有緣生，生緣老死。

換句話說，即是以無明為緣而有行，以行為緣而有識……以生為緣而有老死。凡是有生的，就必然會有老死，雖壽命長短不一，但生命最終都必須結束。由生到死每一法相互依存，便稱為十二因緣。它有明確的時間概念，前三者無明、行、識屬於過去式，中間七個屬於現在式，最後兩個生、老死屬於未來式。

◎ 無明至老死的流轉（這是凡夫的狀態）

《心經》說「無無明，亦無無明盡；乃至無老死，亦無老死盡。」這裡只出現第一支的無明與最後一支的老死。首先必須先了解「無明」的含義。無明，梵語avidya，是指**無法認識現象的真實性而生起的愚痴，是障礙智慧通達真理的愚痴**，它是十二因緣的第一支，也是一切煩惱的根源。因為有了無明才有一連串的十二因緣。

凡夫因為無明所以執著一切法有自性，這種錯誤的見解是一切煩惱的根本，人類的愛欲或追求等煩惱都可包括在內。而這種無始以來的無明，最

十二因緣

十二因緣是指十二個階段，說明人的生命是從何而來，從何而去。每個階段都是一個果，但又連接著「前因」與「後果」。這種因果的關係，就是緣。造成因果發生關係的是「緣」，而果是緣於「因」，所以稱為因緣關係。人的生命總共有十二個階段，故稱十二因緣。

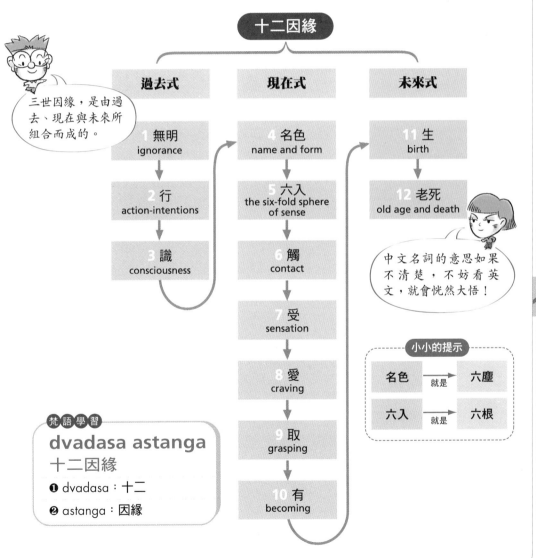

三世因緣，是由過去、現在與未來所組合而成的。

十二因緣

過去式

1 無明
ignorance

2 行
action-intentions

3 識
consciousness

現在式

4 名色
name and form

5 六入
the six-fold sphere
of sense

6 觸
contact

7 受
sensation

8 愛
craving

9 取
grasping

10 有
becoming

未來式

11 生
birth

12 老死
old age and death

中文名詞的意思如果不清楚，不妨看英文，就會恍然大悟！

小小的提示

| 名色 | 就是 | 六塵 |
| 六入 | 就是 | 六根 |

梵語學習

dvadasa astanga
十二因緣

❶ dvadasa：十二

❷ astanga：因緣

逐字解經

13

無無明 亦無無明盡 乃至無老死 亦無老死盡

後會招感生死，依生死身而又產生無明，形成無盡的輪迴。

◎ 無明至老死的還滅（這是緣覺乘的境界）

如何能停止無盡輪迴的循環呢？佛陀了知十二因緣的法則，知道人流轉生死的原因，而教導緣起的還滅，若能在起始之處滅除「無明」（無明盡），就不會衍生出最後的「老死」（jara-marana）。在這裡，「盡」（ksayo）是個關鍵語彙。**「盡」的意思是「滅」，「無明盡」即是指「無明滅」**，所以說只要無明滅則行滅，行滅則識滅……生滅則老死滅。同樣地，老與死是生命的必然的現象，有生必有死。在出生與死亡之間還經歷老化的過程，這就是老死。當滅除老死，即可以脫離輪迴之苦。這個循環自然就不會再持續下去。

◎ 無明至老死沒有生起相，也沒有滅盡相

緣起流轉的法則是「此有故彼有，此生故彼生」，而緣起滅除的法則是「此無故彼無，此滅故彼滅」。無明生起是無自性的，無明滅盡也是無自性的，所以《心經》說：「無無明，亦無無明盡；乃至無老死，亦無老死盡。」換句話說，十二因緣起是無自性的，所以**沒有無明至老死的生起相，也沒有無明至老死的滅盡相**。

如何終止十二因緣，出生死輪迴？

十二因緣包括：❶ 無明 → ❷ 行 → ❸ 識 → ❹ 名色 → ❺ 六入 → ❻ 觸 → ❼ 受 → ❽ 愛 → ❾ 取 → ❿ 有 → ⓫ 生 → ⓬ 老死。由起始的「無明」一直到「老死」共有十二個互相依存的因果關係。

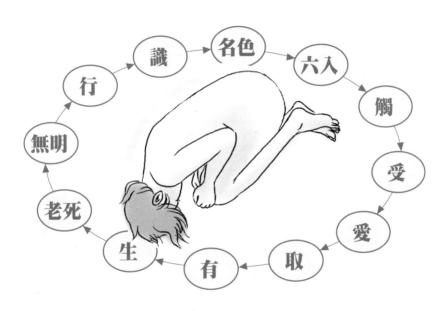

要終止輪迴關係的法則是「此無故彼無，此滅故彼滅」：

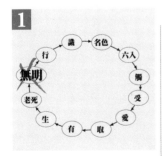

無明盡
即無明滅。滅除無明，就不會衍生後面的老死。

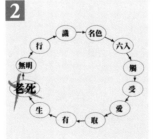

老死盡
即老死滅。老與死是生命的必然現象，有生必有死。在出生與死亡之間還經歷老化的過程，這就是老死。當滅除老死，即可以脫離輪迴之苦。

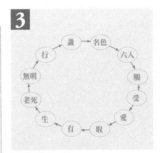

無無明，亦無無明盡；乃至無老死，亦無老死盡
即在空性之中沒有無明，也就沒有滅除無明這件事；在空性之中沒有老死，也就沒有滅除老死這件事。

六道輪迴圖 （長河藝術文物館　黃英峰先生提供）

生命是怎麼來？怎麼去？我為何成為現在的我？藏傳佛教的「六道輪迴圖」細膩描繪出這個問題的答案。左頁唐卡的右上方是釋迦牟尼佛手指象徵解脫的月亮，說著離苦得樂之道。巨大的怪獸咬著大圓輪，圓輪由裡到外分成四圈，剖析生命如何陷入苦難漩渦的原因和過程。

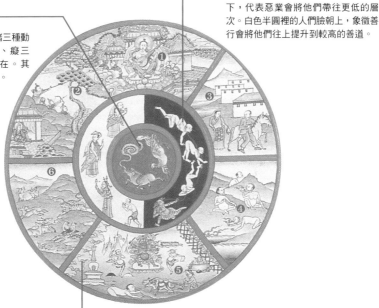

第二圈

善業與惡業 黑半圈裡的人們頭朝下，代表惡業會將他們帶往更低的層次。白色半圓裡的人們臉朝上，象徵善行會將他們往上提升到較高的善道。

第一圈

三毒 公雞、蛇和豬三種動物分別象徵貪、瞋、癡三毒，是根本煩惱所在。其中，豬代表無明愚癡。

第三圈

六道 分別是：
❶ 天道：天人們享受著幸福且長壽的生活，這是憑藉著過去世中行善的業力，一旦福報用盡，仍得往下五道沉淪。
❷ 阿修羅道：因為嫉妒天人，時常與天人征戰。
❸ 人道：人道眾生須承受各種苦樂以及生老病死的折磨，卻獨獨擁有改善生命的機會。

❹ 餓鬼道：飢餓是餓鬼道眾生痛苦的原因。有大肚皮和胃口，喉嚨卻很細小，只要一吃食，喉嚨便灼燒到胃。
❺ 地獄道：這裡的眾生因造惡業而承受種種痛苦折磨，據說有十八層地獄苦刑。
❻ 畜牲道：這裡的眾生存在的目的只為了供應其他眾生使用。

●第四圈：十二因緣。請見下一頁詳解。 ➡

13

無無明　亦無無明盡　乃至無老死　亦無老死盡

生命的接力賽

第四圈

六道輪迴圖的第四圈分成十二圖格，說的是生命如何受困於輪迴，
生死不息的過程。這十二圖格稱為十二因緣。

6 觸

接觸與感受。一男一女的接觸代表觸。指的是
與感知對象的接觸，以及緊接在後對於該境所
產生的苦、樂、捨受的分別。

5 六入（六處）

感知能力的發展。空屋上有許多房間，代表
眼、耳、鼻、舌、身、意等六根，這六根是六
識的依止處，能讓各識分別認知其對象。

4 名色

受孕的胚胎狀態。以一個人在船上象徵名色。
名指心識和伴隨其發生的心因，色指身體，兩
者都發生在受孕的時候。

3 識

因識與果識。以聰明靈巧的猴子來象徵識。

2 行

投胎這一生的主要因緣。以陶匠捏陶來象徵
行。過去生中的無明愚癡令我們有所行為而成
為投胎今生的主要原因。

1 無明

產生痛苦的根源。以拄著枴杖的盲眼老人代表
無明。老人代表輪迴沒有起始，眼盲是看不見
真相，拄著枴杖是因為無明沒有真實的基礎。

> 無明是一切生命
> 過程的根本源頭

7 受

分別苦樂的開始。以一支插入眼中的箭或樹枝代表受，生動描繪受是我們日常生活的重心。它的強度說明苦樂對我們活動的控制程度。

8 愛

因分別而貪戀執著。宴樂的人們代表愛。表達人們趨樂避苦的欲求。

9 取

為愛不辭勞苦的追求。一個人正在採摘樹上果實象徵取。取是愛的一種更強烈的染著，包括對色、聲、香、味、觸、法而生的堅固執著。

10 有

召感下一生的業力。以交媾的男女代表有。有指充分現行的業力發生在現世的最後一刻，能召感未來世的果報。

11 生

受孕的剎那。以婦人產子表現受孕的那一剎那，而不是指脫離母胎的時候。

12 老死

衰變毀壞。扛背重物的成人象徵老死。這是最後一支緣起。老化現象可始於受孕時候或肉體退化。

14

無苦集滅道㉗

苦諦是說人生畢竟是苦；集諦是說產生痛苦的原因；滅諦是談痛苦的止息；道諦是說止息痛苦的方法。體認四諦是空的，才能達到眞正的自在與解脫。

◎ 眞實不虛的四種眞理

苦、集、滅、道四諦是佛法的總綱，佛陀在鹿野苑第一次說法的內容，以及入滅前的教誡，都不出這四諦。「諦」的意思是眞實不虛，因爲佛陀闡述的這四項教法是眞實、無錯亂的，**所以四諦可說是四種眞理，也稱爲「四種眞實」。**又這四者只有已達解脫的聖者才能知見、通達，所以也稱爲「四聖諦」。

苦諦是說人有生、老、病、死等苦，雖有樂而畢竟是苦，是不圓滿的。集諦談的是產生痛苦的原因，如無明、愛、見等煩惱。滅諦談痛苦的止息，只要苦滅即得解脫。道諦則是說止息痛苦的方法，如八正道、六波羅蜜多等等。

◎ 四諦之間的因果關係

四諦間的關係是：苦諦是結果，集諦是原因，滅諦是結果，道諦是原因，苦、集應捨棄，滅、道應取、應行。苦、集二諦說明有漏的世間因果，滅諦與道諦分析清淨的出世間因果。苦諦談的是生死報，對應於世間的苦果。集諦說的是煩惱業，可分析爲世間的苦因。滅諦說的是涅槃果，對應於出世間的樂果。道諦說的是菩提道，可分析爲出世間的樂因。**所以說苦諦是結果，集諦是原因，滅諦是結果，道諦是原因，苦、集應該捨棄，滅、道應取應行。**

◎ 四諦空

「無苦、集、滅、道」是《心經》裡著名的「四諦空」，「四諦」是諸法的理性，是不可變異的眞理，爲何《心經》提出否定型式的分析，難道是要推翻四聖諦嗎？其實不然，《心經》於此闡述的是空性的另一個層面——

初轉法輪

釋迦牟尼佛在菩提樹下證得涅槃後，尋找到當年跟他一起離開皇宮出家求道的五位比丘，向他們講說四諦。這是釋迦牟尼第一次的公開說法，即史上所稱的「初轉法輪」。他對五比丘說明理解四諦的重要性，也就是必須認識苦，了解苦的生起與止息，實踐滅苦的方法。

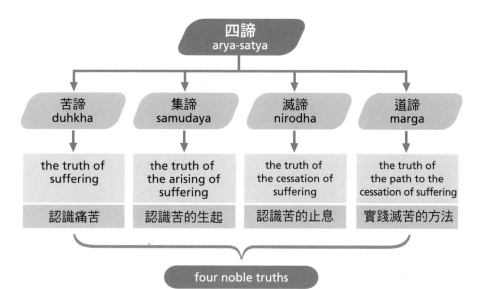

四諦 arya-satya			
苦諦 duhkha	集諦 samudaya	滅諦 nirodha	道諦 marga
the truth of suffering	the truth of the arising of suffering	the truth of the cessation of suffering	the truth of the path to the cessation of suffering
認識痛苦	認識苦的生起	認識苦的止息	實踐滅苦的方法

four noble truths

●四諦的梵語學習請見第 134 頁

逐字解經

14

無苦集滅道

四諦空。對於修行而言，一開始當然是要先體認苦、集、滅、道的真理。但以大乘菩薩道的概念而言，那仍是不夠究竟的，唯有了知四聖諦是空性的，才能達到真正的自在與解脫。

◎ 超越四諦

如前所述，觀十二因緣能出離生死苦海，但那不過是緣覺乘聖者的境界與成就，仍是不究竟。所以，《心經》說：「無無明，亦無無明盡；乃至無老死，亦無老死盡」，目的便是為了超越緣覺乘這個層次的修行。同樣地，觀四聖諦的修行法門雖然也可脫離生死苦海，但這種聲聞乘的境界也是不夠究竟的。唯《心經》的「四諦空」可超越聲聞乘的四諦限制，於是說：「無苦、集、滅、道」，因為苦是無自性的，苦的生起是眾緣和合而起，自然滅苦與滅苦的方法也是空性的，這即是四諦空的概念。

聖嚴法師對這段經文的解釋是：「**了解**苦、集、滅、道的意義，**觀照**苦、集、滅、道的道理，**超越**苦、集、滅、道的範圍」，也就是說先認識與了解四聖諦、繼而觀照與體悟四聖諦，最後超越四聖諦。法師簡短的幾句話清楚精準地闡述「無苦、集、滅、道」。**請注意「無」並非推翻，而是「超越」，是理解《心經》空性概念關鍵中的關鍵。**

四諦之間的因果關係

苦諦是結果，集諦是原因，滅諦是結果，道諦是原因。苦、集應該捨棄，滅、道取應行。苦集二諦闡明有漏的世間因果，滅與道諦闡明清淨的出世間因果。《中論》卷四：「以無四諦故，見苦與斷集，證滅及修道，如是事皆無。或作四聖諦。」

原因與結果

苦諦是結果，集諦是原因。
滅諦是結果，道諦是原因。
苦、集應該捨棄，滅、道應取應行。

世間苦果	世間苦因
苦諦	**集諦**
說明：生死輪迴是痛苦、是不圓滿的。	說明：產生痛苦的原因。

世間因果
苦集二諦闡明有漏（煩惱）
的世間因果。

找到聚集原因
就可明白苦果

出世間樂果	出世間樂因
滅諦	**道諦**
說明：痛苦的息滅。	說明：息滅痛苦的方法。

出世間因果
滅與道諦闡明清淨的
出世間因果。

找到方法
就可滅絕痛苦

逐字解經

14

無苦集滅道

道諦是通達之意，也是道路的意思。這種道路是達到寂滅解脫的方法和手段，原始佛教認為道諦是指八正道，而大乘佛教認為是六波羅蜜多。

八正道：聲聞乘的解脫之道

（梵 aryastango-margo，英 eightfold path）

這是阿羅漢達到涅槃的方法。

正確的知見
堅持佛教四諦的真理。

正見
Right View

正當的生活與職業
過符合佛陀教導的正當生活。

正命
Right Livelihood

正確的思考
根據四諦的真理進行思維、分別。

正思惟
Right Thought

正當的努力
毫不懈怠地修行佛法，以達到涅槃的理想境地。

正精進
Right Effort

正當的言語
說話要符合佛陀的教導，不說妄語、綺語、惡口、兩舌等違背佛陀教導的話。

正語
Right Speech

正確的觀念
念念不忘四諦真理。

正念
Right Mindfulness

正當的行為
一切行為都要符合佛陀的教導，不作殺生、偷盜、邪淫等惡行。

正業
Right Action

正確的禪定
專心致志地修習佛教禪定，於內心靜觀四諦真理，以進入清淨無漏的境界。

正定
Right Concentration

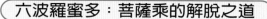

六波羅蜜多：菩薩乘的解脫之道

六波羅蜜多又稱六度，即一布施、二持戒、三忍辱、四精進、五禪定、六般若（智慧）。這六種修行方法目的是破除我執，斷生死此岸，而渡越到涅槃彼岸。六度中如果沒有般若波羅蜜多，其他五度是無法達到彼岸，所以「大智度論」說：「般若為導，五度為伴；若無般若，五度如盲。」

> 這是菩薩達到涅槃的方法。

 布施（梵 dana，英 charity/giving），能對治吝嗇貪愛煩惱，與眾生利樂。

 持戒（梵 sila，英 conduct/taking precepts），包括出家、在家、大乘、小乘一切戒法和善法，菩薩由修一切戒法和善法，能斷身口意一切惡業。

 忍辱（梵 ksanti，英 patience），能忍受一切有情罵辱擊打及外界一切寒熱飢渴等之大行，即能斷除瞋恚煩惱。

 精進（梵 virya，英 vigor/devotion/energy），精勵身心，精修一切大行，能對治懈怠，成就一切善法。

 禪定（梵 dhyana，英 contemplation/meditation），又音譯為禪那波羅蜜，止觀雙運名禪那，亦名靜慮、三昧、三摩地、定。思維真理，定止散亂，心一境性，調伏眼耳等諸根，會趣寂靜妙境。

 智慧（梵 prajna，英 wisdom），通達諸法體性本空之智，斷除煩惱證得真性之慧，能對治愚癡闇昧無知（即無明）。

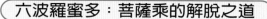

逐字解經

14

無苦集滅道

133

從「四諦」到「四諦空」

聖嚴法師認為「無苦集滅道」的內容包含了「了
解苦、集、滅、道的意義，觀照苦、集、滅、
道的道理，超越苦、集、滅、道的範圍」三個
層面，也就是如何從四諦到四諦空的境界。

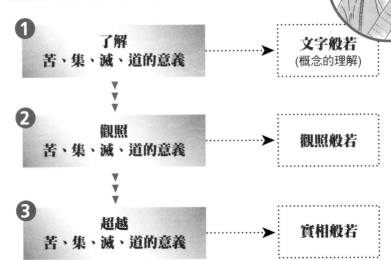

1 了解
苦、集、滅、道的意義 ┈┈➤ **文字般若**
(概念的理解)

2 觀照
苦、集、滅、道的意義 ┈┈➤ **觀照般若**

3 超越
苦、集、滅、道的意義 ┈┈➤ **實相般若**

梵 語 學 習

arya-satya 四諦

❶ arya：聖　　　　　　　　　　**❷** satya：諦＝真理＝道理

❸ arya-satya：四諦＝四種真理＝四種真實＝佛陀闡述的這四項教法是真實、
無錯亂的

苦諦	集諦	滅諦	道諦
duhkha	**samudaya**	**nirodha**	**marga**
生死輪迴是痛苦、是不圓滿的。	產生痛苦的原因。	謂痛苦的息滅。	謂息滅痛苦的方法。
例如人類基本生理的痛苦：生、老、病、死。精神上的痛苦：愛別離、怨憎會、求不得等。	集諦是聚集受苦的原因，是無明、愛、見等煩惱。集合這些導致苦果的原因，所以稱為集諦。	滅，是滅苦與斷集。從因果，並非不可滅，苦滅即得解脫，這是滅諦的意義。	如果想要達到苦滅的境界，必須依循滅苦之道，也就是息滅痛苦的方法。原始佛教的八正道與大乘菩薩道的六波羅蜜多就是其中的方法。

「四諦空」和「無十二因緣」的修行比較

「無苦集滅道」這句話並非要否定苦、集、滅、道這四個真理。對於修行而言，一開始當然是要修行苦、集、滅、道的真理。但是那還是不夠究竟，唯有超越四諦，才能達到真正的自在與解脫。同樣的，觀十二因緣雖然可以出離生死苦海，但也不夠究竟，必須要超越十二因緣，才有真正自在真解脫。

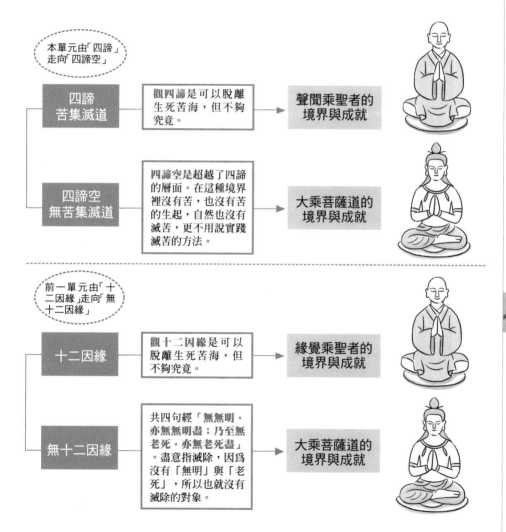

本單元由「四諦」走向「四諦空」

| 四諦 苦集滅道 | 觀四諦是可以脫離生死苦海，但不夠究竟。 | 聲聞乘聖者的境界與成就 |

| 四諦空 無苦集滅道 | 四諦空是超越了四諦的層面。在這種境界裡沒有苦，也沒有苦的生起，自然也沒有滅苦，更不用說實踐滅苦的方法。 | 大乘菩薩道的境界與成就 |

前一單元由「十二因緣」走向「無十二因緣」

| 十二因緣 | 觀十二因緣是可以脫離生死苦海，但不夠究竟。 | 緣覺乘聖者的境界與成就 |

| 無十二因緣 | 共四句經「無無明，亦無無明盡；乃至無老死，亦無老死盡」。盡意指滅除，因為沒有「無明」與「老死」，所以也就沒有滅除的對象。 | 大乘菩薩道的境界與成就 |

逐字解經

14

無苦集滅道

15 無智亦無得㉘

「無智亦無得」重點是去除對概念名相的執著。「無智」顯現出菩薩對般若最高的體驗，「無得」破除菩薩對「得」的執著，這是《心經》的最終目的。

「無智亦無得」一句是空性概念的總結。前述空性之中無五蘊、十八界、十二因緣、四諦，這一連串的「無」，是在闡述去除法執，脫離理論的執著。直到「無智亦無得」，此句重點則是去除對概念名相的執著，是《心經》的最終目的。

◎「智」與「無智」

智（jnanam）即是「現觀」，意思是「直覺的現前觀察，洞見真理」。但若以自我為中心，現前觀察所獲得的知識、觀念或見解，是有漏智（有煩惱的智慧），並非真正的智慧。只有離開自我，才是無漏智（無煩惱的智慧）。**聲聞乘、緣覺乘的聖者認為實證四諦、十二因緣的無漏智是真正的智慧；但菩薩乘的行者們追求的不止於這個層面。**大乘佛教認為，獲得智慧與佛法只不過是解脫自在的過程而已，唯有無智（na jnanam）才能顯現出菩薩對般若最高的體驗。對大乘的菩薩們而言，他們自在解脫，既證四諦是空性的，又證無漏智也是空性的，一切畢竟空，所以說「無智」。

◎「得」與「無得」

得（praptih）是獲得結果。未學佛的凡夫，最關心世間財富名利的取得；初學佛者渴望獲得功德與福報；學佛甚深者，則希望獲得解脫。這些都是有所求的，也對應於隨之而來的「得」，在求與得之間，執著接踵而至。凡夫有所得，得到的是世間智；聲聞乘、緣覺乘聖者也有所得，得到的是出世間智；**佛陀看到菩薩對「得」的執著，為了破菩薩對此的法執，而說「無得」（na praptih）**，所以大乘菩薩是無所得。

得的境界	對象
財富名利的取得	未接受佛法的凡常人
渴望獲得功德與福報	對佛法有初步認識的人
求取佛法、般若智慧與解脫	修行甚深的學佛者
無智無得	大乘菩薩

真正的「智」與「得」

無智

「無智」顯現菩薩對般若最高的體驗。對大乘的菩薩們而言，他們自在解脫，既無四諦（無苦集滅道），當然也無需無漏智，這就是無智的概念。

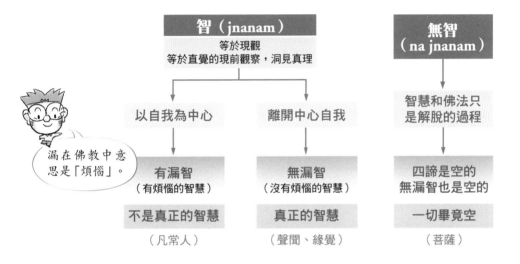

智（jnanam） 等於現觀 等於直覺的現前觀察，洞見真理		無智 （na jnanam）
以自我為中心	離開中心自我	智慧和佛法只是解脫的過程
有漏智 （有煩惱的智慧）	無漏智 （沒有煩惱的智慧）	四諦是空的 無漏智也是空的
不是真正的智慧	真正的智慧	一切畢竟空
（凡常人）	（聲聞、緣覺）	（菩薩）

漏在佛教中意思是「煩惱」。

無得

「無得」是佛菩薩的體悟境界。就像一個有成就的人，不會自以為很有成就。一個有錢人，認為錢財屬於眾人，願意分享給眾人，才是真正有錢的人。證得佛果的人，覺得獲得果位只不過是個過程與經驗，根本不會在乎它與執著它。簡單地說，真正達到自在與解脫的時候，就會發現智與得也可以拋開，這就是「無智亦無得」所要表示的意思。

比較凡常人、小乘聖者、大乘聖者的智慧

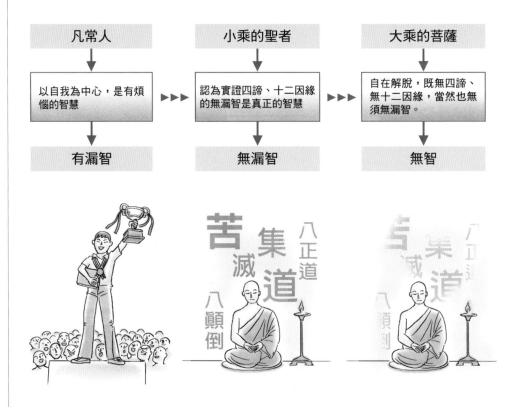

凡常人	小乘的聖者	大乘的菩薩
以自我為中心，是有煩惱的智慧	認為實證四諦、十二因緣的無漏智是真正的智慧	自在解脫，既無四諦、無十二因緣，當然也無須無漏智。
有漏智	無漏智	無智

本單完整的連續概念如下：

世間智（凡常人的聰明才智，或是學者的學理研究）➡ 出世間智（小乘聖者以四諦、十二緣覺法門獲得的智慧）➡ 無智無得（菩薩乘先以六度達到般若境界，再去除一切法的執著，到達沒有任何智慧可得的狀態）

《心經》在這部份的完整概念是：

1. 無苦集滅道 ➡ 破執著於四諦的法執
2. 無無明，亦無無明盡，乃至無老死，亦無老死盡 ➡ 破執著於十二因緣法的法執
3. 無智亦無得 ➡ 破執著於六度的法執

三獸渡河

《心經》在「無智亦無得」這句話已經說明了三種不同層次的般若。這三種般若的差異可透由三獸渡河的譬喻來說明。

三獸渡河的「河」代表空性，「河的深淺」代表不同層次空性般若的體悟。「三種動物」是象、馬、兔，分別象徵：菩薩乘、緣覺乘與聲聞乘等三乘的聖者。渡河的過程中，兔浮水上，馬及一半，象窮底。這個比喻是用來說明證悟空性義理時，隨個人的根器大小，體悟有淺深，這如同象、馬、兔渡河，有淺深之別。

聲聞乘	緣覺乘	大乘的菩薩
渡河的方法即是四聖諦	渡河的方法即是十二因緣論	渡河的方法即是六波羅蜜多
小兔全程浮游	馬渡河兩端踏河底	大象體型龐大可直接勇猛渡河
只能浮在河面，對河的深淺一無所知	雖然無法得知河中央的最深處，但能知兩端岸邊的深淺	河的這岸與彼岸之間全程的深淺都清清楚楚
斷見惑斷思惑但未能除斷習	斷見惑斷思惑能兼斷習氣但未能淨	斷見惑斷思惑也斷習氣盡

 三獸渡河的比喻出自《毘婆沙論》。《毘婆沙論》的完整經名：《阿毘達磨大毘婆沙論》。阿毘達磨 Abhidharma 意思是大法、無比法，毘婆沙 Vibhasa 意思是廣說、勝說。

16

以無所得故㉙ 菩提薩埵㉚ 依般若波羅蜜多故㉛ 心無罣礙㉜

任何菩薩只要依據般若波羅蜜多的甚深智慧，就能證得空性，超越一切苦，心中將了無罣礙。

《心經》由此接下來說「以無所得故，菩提薩埵，依般若波羅蜜多故，心無罣礙」，是描述菩薩解脫自在的範例，也是對應於《心經》初始的經句「觀自在菩薩，行深般若波羅蜜多時，照見五蘊皆空」。其中「菩提薩埵」是梵語的音譯，意譯為「覺有情」，就是「覺悟的有情」的意思。有人認為**玄奘在此採用完整的「菩提薩埵」，而非「菩薩」一詞**，原因是為了再次提醒他們是追求菩提（完美智慧）的有情眾生。

◎ 無所得

菩薩以無所得的智慧照見五蘊、十八界、十二因緣、四諦皆空，一切法都是無自性的，自性本不可得，是根本不會在乎它和執著它，於是了悟無智、無得，這是佛、菩薩的體驗，是真正自在解脫的境界。

◎ 心突破了種種罣礙

「罣礙」的意思是牽制阻礙，「心無罣礙」是說心突破了煩惱障礙與認識障礙，不再有任何桎梏。菩薩們「依般若波羅蜜多故」了悟一切法的本質是空不可得，因此能「心無罣礙」。而與之相對的無智凡夫，因為未能領悟諸法是空，處處有「我執」與「法執」，造成心中的煩惱，如同洶湧波浪，所以處處生礙。所以，「以無所得故，菩提薩埵，依般若波羅蜜多故，心無罣礙」整句經文的意思是：**任何菩薩只要依據般若波羅蜜多的甚深智慧，就能證得空性，超越一切苦，心中將了無罣礙。**

菩薩要怎樣做才能「無所得」？

五世紀的譯經家鳩摩羅什在長安逍遙園翻譯了
《首楞嚴三昧經》這部經。經裡說六波羅蜜多
如同六艘船可以把人們載往解脫的彼岸。

到了彼岸，就應把船捨棄，也就
是把佛法捨棄。如不把船筏放
下，一直背著船如何能自在解脫
呢？這就是「無智亦無得」的意
思：渡到彼岸，法也要捨棄。如
此菩薩才能因而證得涅槃。

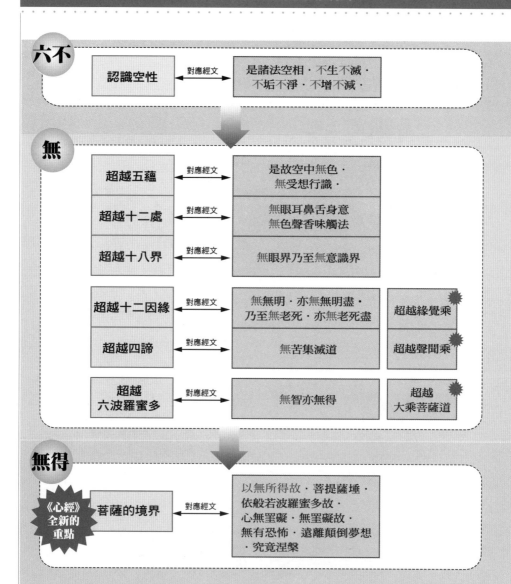

六不

| 認識空性 | 對應經文 | 是諸法空相‧不生不滅‧
不垢不淨‧不增不減‧ |

無

超越五蘊	對應經文	是故空中無色‧ 無受想行識‧
超越十二處	對應經文	無眼耳鼻舌身意 無色聲香味觸法
超越十八界	對應經文	無眼界乃至無意識界

超越十二因緣	對應經文	無無明‧亦無無明盡‧ 乃至無老死‧亦無老死盡	超越緣覺乘
超越四諦	對應經文	無苦集滅道	超越聲聞乘
超越 六波羅蜜多	對應經文	無智亦無得	超越 大乘菩薩道

無得

《心經》
全新的
重點

| 菩薩的境界 | 對應經文 | 以無所得故‧菩提薩埵‧
依般若波羅蜜多故‧
心無罣礙‧無罣礙故‧
無有恐怖‧遠離顛倒夢想
‧究竟涅槃 |

❶「六不」是萬法的本質

- 《心經》闡釋空性的重點在於「六不」：是諸法空相，不生不滅，不垢不淨，不增不減。這是從宇宙觀來看，是一切萬法的本質。

❷ 一連串的「無」是一連串的「超越、放下」

- 在「六不」之後，觀自在菩薩進行闡述一連串的「無」，來表達不同層次的空性體悟。
- 這一連串的「無」超越了「五蘊、十二處、十八界與十二因緣以及四諦，最後並結束在「無智亦無得」，這句話是轉進菩提薩埵境界的關鍵，也是說明菩提薩埵的功德。

❸ 無智無得之後的新境界

- 《心經》用「以無所得故」揭開新一個階段的重點。因為「無所得」，加上「依般若波羅蜜多」才能有「心無罣礙、無有恐怖、遠離顛倒夢想、究竟涅槃」的境界。
- 這裡的「無所得」是指超越法執，這是針對大乘菩薩道的六波羅蜜多來講。
- 波羅蜜多原本意思是渡船到沒有煩惱的彼岸，佛經喜歡將佛法比喻成船筏，六波羅蜜多即代表六種渡河的工具。「無智無得」說的是渡過河時，船也要捨棄。到了彼岸，就把船捨棄，也就是把佛法捨棄。如此，空性的體悟便超越了六波羅蜜多，由法執走向法空，菩薩也將佛法放下。
- 這種「無智無得」是菩提薩埵邁向成佛的修行境界。需特別注意這一連串的經句並非否定聲聞乘與緣覺乘，無智無得也不是否定六波羅蜜多這個般若法門，而是要點出不同層次的超越，強調的是不可執著於法。

無罣礙故㉝ 無有恐怖㉞

菩薩因遠離了煩惱執障,所以心中清淨無礙,不怖畏生死,自然沒有任何恐怖了。

人類心中的恐怖是因為愚癡所生起的。當心中有我執,便放不下,於是產生罣礙,隨之患得患失。未得到的,一心想追求;已得到的,又擔心失去,於是鎮日患得患失,驚恐害怕,無時無刻不在煩惱之中打轉。正在世上修行的初學菩薩,在追求佛法過程中,因我執、法執而患得患失也是如此。

針對初學的菩薩而言,因其煩惱未盡,所以仍有罣礙,共有五種恐怖,稱為「五畏」或「五怖畏」。《佛地經論》說「五畏」是:(一)惡名畏:怕給自己帶來不好的名譽;(二)惡道畏:擔心自己死後會墮落三惡道;(三)不活畏:怕自己活得不如他人,擔心生活成問題,因此,布施不敢盡其所有;(四)死畏:對死的畏懼;(五)大眾威德畏:於大眾中感到畏怯。在《心經》裡,「恐怖」一詞應該解釋為對生死的怖畏。**當菩薩不畏生死,自然就沒有任何恐怖了**,便能一路歸結到下兩句話:「遠離顛倒夢想,究竟涅槃」。

初學菩薩的五種恐懼

心中的恐怖是因為愚癡無明所生起的，在世修學的初學菩薩
有五種恐怖，稱為「五畏」或是「五怖畏」。《佛地經論》說
五畏是：惡名畏、惡道畏、不活畏、死畏、大眾威德畏。

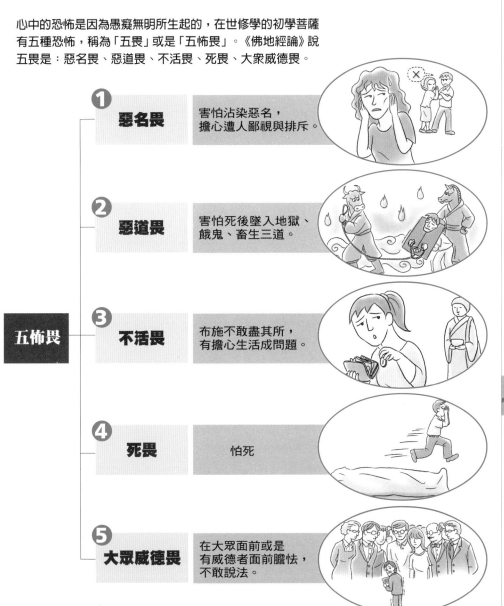

五怖畏

❶ 惡名畏 — 害怕沾染惡名，
擔心遭人鄙視與排斥。

❷ 惡道畏 — 害怕死後墜入地獄、
餓鬼、畜生三道。

❸ 不活畏 — 布施不敢盡其所，
有擔心生活成問題。

❹ 死畏 — 怕死

❺ 大眾威德畏 — 在大眾面前或是
有威德者面前膽怯，
不敢說法。

18 遠離顛倒夢想㉟

菩薩了悟諸法皆空，自然能遠離一切不合理的思想行為和癡心妄想，而消除身與心、自與他、物與我之間對立的種種錯誤。

◎ 顛倒是指一切不合理的思想與行為

菩薩了悟諸法皆空，不怖畏生死，無有任何恐怖，自然便能遠離顛倒夢想。「顛倒」是指一切不合理的思想與行為，是誤謬的認知，包括我執（執著於我）與法執（執著於法）。**凡夫因迷於此二執而有四種顛倒：**（一）常顛倒：無常認為有常；（二）樂顛倒：以苦當作樂；（三）淨顛倒：以不淨為淨；（四）我顛倒：無我認為有我。

聲聞乘與緣覺乘的聖者雖已克服我執，但仍有法執，所以也有四種顛倒：（一）無常顛倒：於涅槃之常而計無常；（二）無樂顛倒，於涅槃之樂而計無樂；（三）無我顛倒：於涅槃之我而計無我；（四）無淨顛倒：於涅槃之淨而計無淨。

菩薩了悟諸法皆空，同時去除我執與法執，而達自由自在的境界。就大乘的角度而言，當盡除我執與法執時，才算是真正地遠離顛倒。

凡夫	我執、法執	凡夫四顛倒
聲聞、緣覺二乘	我空、法執	二乘四顛倒
大乘菩薩	我空、法空	中道不顛倒

◎ 夢想即是妄想

「夢想」即是妄想，指一切顛倒的念頭。夢想猶如夢境，一切境界都是由心而生。凡夫的身心世界，因無明而昏迷幻想，執妄為實，宛如顛倒夢境。這該如何對治呢？在此，菩薩依般若波羅蜜多，而了悟空性的道理，修中道行，遠離一切顛倒夢想，於是菩薩能消除「身」與「心」、「自」與「他」的對立，以及「物」與「我」之間的種種錯誤。在拔除苦厄的根本後，菩薩至此可不因生死而恐怖，而獲得「究竟涅槃」。

什麼是顛倒夢想？

顛倒，是指是一切不合理的思想與行為，其根本是執我（執著於我）、執法（執著於法）。
而夢想，即是妄想，即一切顛倒的念頭。菩薩能領悟空性的道理，遠離了一切顛倒夢想。

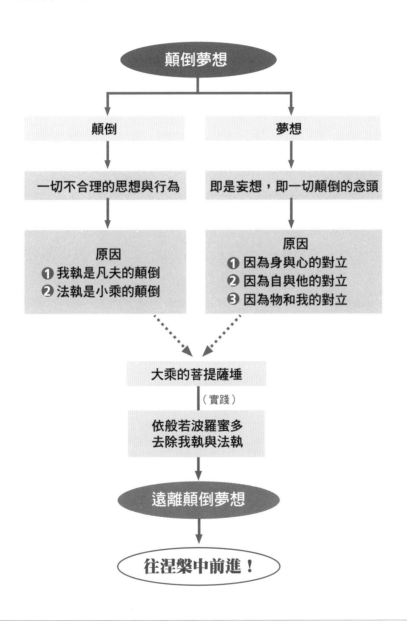

八顛倒

凡夫的四顛倒

凡夫的四種不合理的思想與行為，包括：

聲聞、緣覺乘的四顛倒

聲聞與緣覺二乘的四顛倒，包括：

常顛倒
把世間的「無常」認為有常

無常顛倒
執著於涅槃之「常」而太計較無常

樂顛倒
以世間的「苦」當作樂

無樂顛倒
執著於涅槃之「樂」而太計較無樂

我顛倒
將世間的「無我」認為有我

無我顛倒
執著於涅槃之「我」而太計較無我

淨顛倒
以世間的「不淨」妄認為淨

無淨顛倒
執著於涅槃之「淨」而太計較無淨

無常、苦、無我、不淨是一切有為法的特性。

人如何能避免這八種顛倒呢？大乘菩薩不偏於任何一端的中道，以平等智了知現實世界與涅槃境界的價值，不厭現實生死的世界，也不執著理想的涅槃境界，正是遠離凡夫和二乘顛倒的途徑。

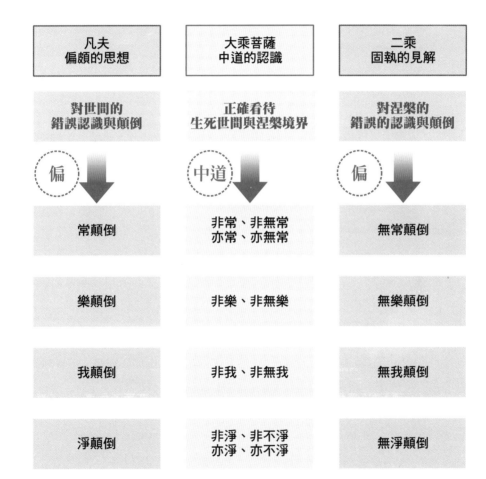

凡夫 偏頗的思想	大乘菩薩 中道的認識	二乘 固執的見解
對世間的 錯誤認識與顛倒	正確看待 生死世間與涅槃境界	對涅槃的 錯誤的認識與顛倒
偏	中道	偏
常顛倒	非常、非無常 亦常、亦無常	無常顛倒
樂顛倒	非樂、非無樂	無樂顛倒
我顛倒	非我、非無我	無我顛倒
淨顛倒	非淨、非不淨 亦淨、亦不淨	無淨顛倒

19

究竟涅槃㊱

究竟涅槃的境界是指一切煩惱都已止息，並能自由自在地穿梭於生死之中救度眾生，逐漸邁向最完美的成佛境界。

涅槃（nirvana）的意思是「滅」、「滅盡」、「寂滅」，也就是滅盡貪、瞋、癡的境界，因為所有的煩惱都已滅盡，所以永不再輪迴生死。這是聖者所證悟的不可思議的理想妙境，也是佛教修行者的終極理想，很難以語言、文字來表達。但綜合種種概念，涅槃有解脫、永恆的喜悅、個體（我）的滅盡、不生不滅、寂靜的喜悅等意思。那麼，《心經》提到菩提薩埵的「究竟涅槃」，跟這裡所說的涅槃有何不同呢？究竟涅槃包含兩層意思：

◎ 第一，菩薩已獲得「自覺」境界，一切煩惱到此完全止息，不再輪迴。究竟是指「至極、窮盡、推求到完全明白」，或是可以「代表真相與結果」，是「最高、最圓滿」。再看傳統的涅槃一詞漢譯為「滅度、寂滅、圓寂、寂定」等，在英文的語意上 stillness 與 extinction 最接近這個意思。這是一種超越時空的真如境界，也是達到不生不滅的狀態。所以究竟涅槃可以解釋成窮盡、推求到完全明白的寂滅境界。《心經》裡說：「以無所得故，菩提薩埵依般若波羅蜜多故，心無罣礙，無罣礙故，無有恐怖，遠離顛倒夢想，究竟涅槃。」很明顯，菩提薩埵他們是用般若波羅蜜多和般若觀照而達到這個境界了。

◎ 第二，菩薩行於慈悲的「覺他」過程中，逐漸邁向完美的成佛境界。不僅如此，菩薩在究竟涅槃的境界裡，已經沒有任何生死罣礙，也沒有任何不安或恐怖，能自由自在地於生死之中救度苦難，在慈悲的「覺他」過程中，逐漸地邁向成佛境界。成佛境界的涅槃就是大般涅槃（Mahaparinirvana），亦即釋迦牟尼佛度世已畢，歸於圓寂的境界一般。換句話說，菩薩的究竟涅槃就如同釋迦牟尼佛一樣，在慈悲的救度眾生（覺他）中，逐漸朝著完美的覺悟境界前去，最後到達佛陀偉大的安息狀態（the great death of the Buddha）。

涅槃與究竟涅槃的不同

Nirvana 涅槃

❶ 原始字意：圓滿完美的寂靜（perfect stillness）

❷ 衍生含意：解脫、永恆的喜悅、寂靜的滅絕、個體（我）的滅絕、無生無滅、寂靜的喜悅

原來阿羅漢怕生死輪迴！所以不能像菩提薩埵一樣無罣礙、無有恐怖。

凡夫俗子	在生死苦海中輪迴	受苦受難	不斷輪迴	承受輪迴之苦
畏懼生死苦海 阿羅漢	努力脫離生死苦海	自由解脫	涅槃	脫離輪迴之苦
無畏生死 菩提薩埵	無畏生死自由自在	救苦救難	究竟涅槃	

大般涅槃

大般涅槃，梵文Mahaparinirvana，意思是大入滅息，或大滅度、大圓寂入等。意指釋迦牟尼佛度世已畢，歸於圓寂。這樣的境界是接近《心經》裡所說的究竟涅槃，在慈悲的覺他狀態下朝著偉大完美覺知界境的前去，最後達成佛陀偉大的安息狀態。

有了「自覺」，還要繼續「覺他」，直到成就圓滿的覺悟境界。

究竟涅槃 = 大般涅槃！

法相宗的四種涅槃

有餘依涅槃與無餘依涅槃的差別在於肉身存在與否。

涅槃是佛法裡永恆討論的主題，各個經典有不同 演繹和詮釋。法相宗為了幫助大家釐清涅槃概念，整理經典的說法，提出了四種涅槃：

有餘依涅槃 Nirvana with residue	出煩惱障	肉身尚在	小乘聖者
無餘依涅槃 Nirvana without residue	出生死障	肉身已死	小乘聖者
無住處涅槃 Nirvana of no dwelling	出煩惱障 出所知障	不住生死 不住涅槃 (超越肉身羈絆)	菩薩乘
本來自性清淨涅槃 Nirvana of pure, clear self-nature	清淨不變的法性真如 為一切有情萬物所平等共有，但被客塵煩惱所覆障	任何人不假外求便可證得	眾生皆有

法相宗
法相宗是大乘八宗之一，由唐代玄奘與窺基師徒兩人所創，因是窮明萬法性相之宗，故名法相宗；又因依唯識論，明萬法唯識之理，故又名唯識宗。

佛陀的一生

30歲 菩提樹下證悟	50年間行化 講經說法	80歲 娑羅樹下入滅
有餘依涅槃	無住處涅槃	無餘依涅槃

最後目的是找回「本來自性清淨涅槃」

無住處涅槃是超越生死障礙，即超越肉身存在與否，自由自在地穿梭生死苦海。這種涅槃無關生死，是菩薩的境界。

中觀派的涅槃城

涅槃的世界裡有一座聖者居住的都城，稱為涅槃城。對於這個都城的描述，第二世紀印度中觀派大師龍樹的《智度論》是這樣寫的：「諸法實相是涅槃城。城有三門：空、無相、無作。」空門的「空」代表因緣和合而生的一切事物是究竟無實體的。無相門的「無相」是涅槃的別名，因涅槃離一切虛妄之相。而「無作」是無因緣的造作，它與「無為」同義。到達涅槃城是佛教修行

者的終極理想，當聖者進入這個都城等同於來到滅卻貪、瞋、癡的境界。因為所有的煩惱都已滅絕，所以永不再輪迴生死，可以安住在這個都城。這樣的世界是無為安樂的，是寂靜的，這種聖者達到的狀態稱為涅槃寂靜。要達到這個境界有不同的時間點或不同的層面，包括肉身依在的有餘依涅槃，肉身不存的無餘依涅槃，還有超越生死羈絆的無住處涅槃。

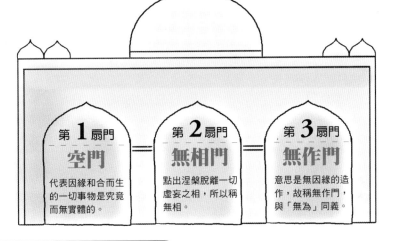

第 1 扇門
空門
代表因緣和合而生的一切事物是究竟而無實體的。

第 2 扇門
無相門
點出涅槃脫離一切虛妄之相，所以稱無相。

第 3 扇門
無作門
意思是無因緣的造作，故稱無作門，與「無為」同義。

比較中觀派與法相宗的涅槃

中觀派的涅槃宛若一個真實存在的城堡，人們有三扇門可以抵達。

法相宗認為人人心中皆有本來自性清淨涅槃，不假外求。

20 三世諸佛㊲

「三世」是指過去、現在、未來；「諸佛」是指十方一切佛。所以「三世諸佛」統指三世、十方一切佛，是三世佛與十方佛融合的概念。

「三世」（tryadhva）是指過去世、現在世、未來世；「諸佛」是指十方一切佛。在釋迦牟尼的時代，因釋迦牟尼覺悟了世間的真理，於是人們尊稱他為「佛陀」（Buddha，覺者），這時的「佛陀」是特指釋迦牟尼。但隨著佛教思想的演進，在原始佛教時期，依時間發展出過去、現在、未來的三世佛。接著到了大乘佛教時期，依空間概念而形成十方諸佛，十方是指四方（東、南、西、北）、四維（東南、西南、東北、西北）與上、下，在這些空間中均有佛的存在，也就是在同一時間有眾多佛陀並存的思想。

時期	諸佛概念的發展	說明
釋迦牟尼的時代	釋迦牟尼佛	僅一位
原始佛教	三世佛	過去世、現在世、未來世各有不同的佛
大乘佛教	十方佛	同一時間，不同的空間有諸佛的存在
	三世諸佛	三世佛與十方佛融合的概念

《心經》中說的三世諸佛，統指出現於三世的一切佛，是三世佛與十方佛融合的概念。一般而言，**若以佛陀時代爲時間參考點**，過去佛是指迦葉佛或特指燃燈佛（這位佛曾預言釋尊成佛），現在佛是指釋迦牟尼佛，未來佛是指彌勒佛。

如果不以佛陀在世作爲時間軸的參考點，而是依據現在來看，那麼，世尊已經離開世間，同樣被視為是過去佛。於是佛教產生過去七佛的名詞。

如果改以更寬廣的時間來看，無限的時空中應該不會只有過去七佛，而是在過去、現在、未來的三大劫（three kalpas）中都有千佛出現前來教化眾生。這裡三大劫的「劫」是一段很長的時間單位，每當一尊佛入滅後，就要經歷相當漫長的歲月，另一尊佛才會出現於世。第一、過去莊嚴劫，因為有千佛出世，讓這段期間的世界更為莊嚴美好，故名之。第二、現在賢劫，又名善劫。第三、未來星宿劫，因為在未來的一段時間千佛其數多如天上之星宿，故名之。

諸佛的說法

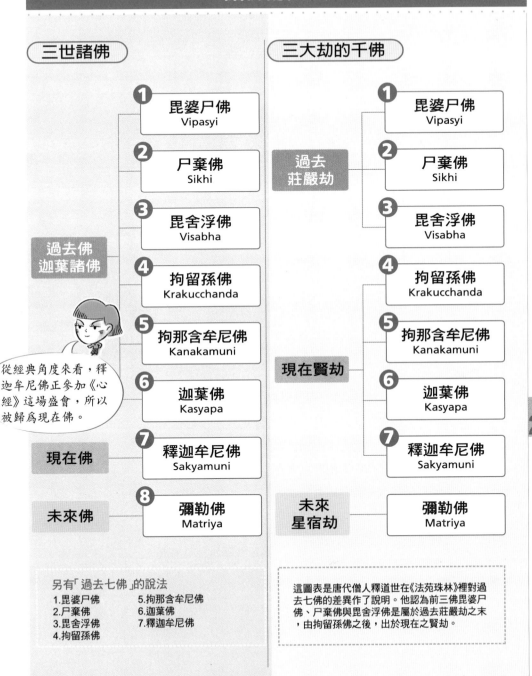

三世諸佛

過去佛
迦葉諸佛

❶ 毘婆尸佛 Vipasyi

❷ 尸棄佛 Sikhi

❸ 毘舍浮佛 Visabha

❹ 拘留孫佛 Krakucchanda

❺ 拘那含牟尼佛 Kanakamuni

❻ 迦葉佛 Kasyapa

現在佛
❼ 釋迦牟尼佛 Sakyamuni

未來佛
❽ 彌勒佛 Matriya

從經典角度來看，釋迦牟尼佛正參加《心經》這場盛會，所以被歸爲現在佛。

另有「過去七佛」的說法
1.毘婆尸佛　　5.拘那含牟尼佛
2.尸棄佛　　　6.迦葉佛
3.毘舍浮佛　　7.釋迦牟尼佛
4.拘留孫佛

三大劫的千佛

過去莊嚴劫
❶ 毘婆尸佛 Vipasyi

❷ 尸棄佛 Sikhi

❸ 毘舍浮佛 Visabha

❹ 拘留孫佛 Krakucchanda

現在賢劫
❺ 拘那含牟尼佛 Kanakamuni

❻ 迦葉佛 Kasyapa

❼ 釋迦牟尼佛 Sakyamuni

未來星宿劫
彌勒佛 Matriya

這圖表是唐代僧人釋道世在《法苑珠林》裡對過去七佛的差異作了說明。他認為前三佛毘婆尸佛、尸棄佛與毘舍浮佛是屬於過去莊嚴劫之末，由拘留孫佛之後，出於現在之賢劫。

逐字解經

20

三世諸佛

21

依般若波羅蜜多故㊳得阿耨多羅三藐三菩提㊴

三世一切諸佛的修行，從凡夫的最初發心，到修習六度，最後證得無上的人生眞理而成佛，這種種的修行歷程，無不是以般若波羅蜜多爲前導。

◎ 無上正等正覺

阿耨（ㄋㄡˋ）多羅三藐三菩提是般若經的重要關鍵字，用來點出佛陀境界的智慧。阿耨多羅三藐三菩提是梵語Annutara-samyak-sambodhi的音譯。仔細分析可以拆解成阿耨多羅、三藐、三菩提三個字詞。阿耨多羅（Anuttara）的意思是無上、無法超越的。三藐（samyak）是完全地、徹底地、正確地。三菩提（sambodhi）意思是正等菩提。整句合稱為「無上正等正覺」或「無上正遍覺」。

這麼長的一句梵語是代表佛陀所覺悟的智慧，故稱正覺，其內含有平等、圓滿的意思所以稱正等；也因為佛陀境界體悟的真理至高，故稱無上；而其道理周遍而無所不包，又稱正遍覺。但一般佛經仍遵循玄奘「五不翻」的第四項「順古不翻」的原則，將此詞直譯為「阿耨多羅三藐三菩提」。

◎ 菩薩與三世諸佛的圓滿境界的差異

大乘菩薩行的最終目標，就是成就無上正等正覺。在此，「依般若波羅蜜多」是指修行的方法，代表佛行；「得阿耨多羅三藐三菩提」則是成果，是指佛果。依般若波羅蜜多而成佛的，不僅僅是菩薩，諸佛也是如此。不過，兩者依般若波羅蜜成就的境界是不同的，菩薩依般若波羅蜜多，而能「心無罣礙，無罣礙故，無有恐怖，遠離顛倒夢想，究竟涅槃」，這是同時體悟自覺與覺他的境界；而三世諸佛依般若波羅蜜多，能「得阿耨多羅三藐三菩提」，這是到達自覺、覺他與覺滿的圓滿境界。

阿耨多羅三藐三菩提是梵語Annutara-samyak-sambodhi的音譯。可以拆解成「阿耨多羅＋三藐＋三菩提」三個字詞。

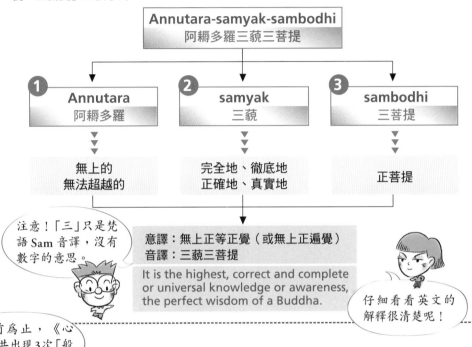

Annutara-samyak-sambodhi
阿耨多羅三藐三菩提

1 Annutara 阿耨多羅 → 無上的 無法超越的

2 samyak 三藐 → 完全地、徹底地 正確地、真實地

3 sambodhi 三菩提 → 正菩提

注意！「三」只是梵語 Sam 音譯，沒有數字的意思。

意譯：無上正等正覺（或無上正遍覺）
音譯：三藐三菩提

It is the highest, correct and complete or universal knowledge or awareness, the perfect wisdom of a Buddha.

仔細看看英文的解釋很清楚呢！

到目前為止，《心經》總共出現3次「般若波羅蜜多」呢！

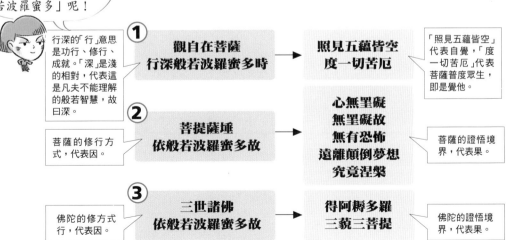

①
行深的「行」意思是功行、修行、成就。「深」是淺的相對，代表這是凡夫不能理解的般若智慧，故曰深。

觀自在菩薩 行深般若波羅蜜多時 → **照見五蘊皆空 度一切苦厄**

「照見五蘊皆空」代表自覺，「度一切苦厄」代表菩薩普度眾生，即是覺他。

②
菩薩的修行方式，代表因。

菩提薩埵 依般若波羅蜜多故 → **心無罣礙 無罣礙故 無有恐怖 遠離顛倒夢想 究竟涅槃**

菩薩的證悟境界，代表果。

③
佛陀的修方式行，代表因。

三世諸佛 依般若波羅蜜多故 → **得阿耨多羅 三藐三菩提**

佛陀的證悟境界，代表果。

菩提薩埵與三世諸佛的境界有何不同？

【經文】

以無所得故，菩提薩埵，

依般若波羅蜜多故，

心無罣礙，

無罣礙故，無有恐怖，

遠離顛倒夢想，究竟涅槃。

【說明】

這八句經文是菩薩道的精髓概念，
說明宗教實踐的法門，談的是明確
的修養方式。

【三點分析】

❶ 修行者：菩提薩埵

❷ 修行方式：以無所得故，依般
　若波羅蜜多故。

❸ 證悟的狀態：心無罣礙，無罣礙
　故，無有恐怖，遠離顛倒夢想，
　究竟涅槃。

三世諸佛的理想境界

【經文】

三世諸佛，

依般若波羅蜜多故，

得阿耨多羅三藐三菩提。

【說明】

這三句經談的是三世諸佛的理想境
界，談的是「果位」的佛道。對應
於菩提薩埵的修養方式，談的是
「因位」的菩薩道。

【三點分析】

❶ 證悟者：三世諸佛

❷ 修行方式：依般若波羅蜜多故

❸ 證悟的佛果：得阿耨多羅三藐三
　菩提

阿羅漢、菩薩、佛的「覺」的境界有何不同？

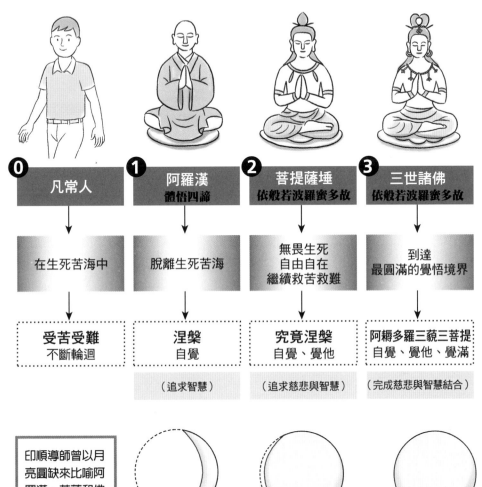

⓪ 凡常人	❶ 阿羅漢 體悟四諦	❷ 菩提薩埵 依般若波羅蜜多故	❸ 三世諸佛 依般若波羅蜜多故
在生死苦海中	脫離生死苦海	無畏生死 自由自在 繼續救苦救難	到達 最圓滿的覺悟境界
受苦受難 不斷輪迴	涅槃 自覺	究竟涅槃 自覺、覺他	阿耨多羅三藐三菩提 自覺、覺他、覺滿
	（追求智慧）	（追求慈悲與智慧）	（完成慈悲與智慧結合）

印順導師曾以月亮圓缺來比喻阿羅漢、菩薩和佛的覺悟境界：

上弦月：阿羅漢
（包括聲聞乘和緣覺乘）
（自覺）

十三、十四夜
的月亮：菩薩
（自覺、覺他）

十五夜的滿月：佛
（自覺、覺他、覺滿）

正宗分

人類觀 第5-11句
指出人類的五蘊皆「空」

▼

宇宙觀 第12-22句
說明宇宙「空」的概念，並且闡述五蘊、十二處以及十八界都是「無」

▼

世間的人生觀 第23-28句
緣覺乘的十二因緣空觀
聲聞乘的四諦空觀
菩薩乘的六度空觀

▼

菩薩的境界 第29-36句
菩薩依據
般若波羅蜜多
達到的體悟

▼

佛陀的境界 第37-39句
三世諸佛依據
般若波羅蜜多
的終極體悟

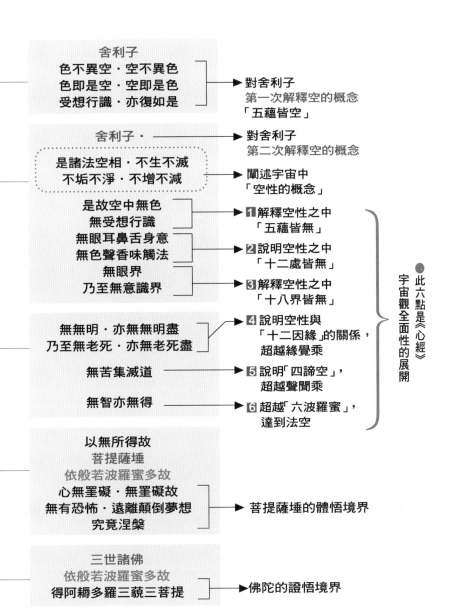

舍利子
色不異空・空不異色
色即是空・空即是色
受想行識・亦復如是

► 對舍利子
第一次解釋空的概念
「五蘊皆空」

舍利子・ ──────

► 對舍利子
第二次解釋空的概念

是諸法空相・不生不滅
不垢不淨・不增不減

► 闡述宇宙中
「空性的概念」

是故空中無色
無受想行識

► 1 解釋空性之中
「五蘊皆無」

無眼耳鼻舌身意
無色聲香味觸法

► 2 說明空性之中
「十二處皆無」

無眼界
乃至無意識界

► 3 解釋空性之中
「十八界皆無」

無無明・亦無無明盡
乃至無老死・亦無老死盡

► 4 說明空性與
「十二因緣」的關係，
超越緣覺乘

無苦集滅道 ──────

► 5 說明「四諦空」，
超越聲聞乘

無智亦無得 ──────

► 6 超越「六波羅蜜」，
達到法空

● 此六點是《心經》
宇宙觀全面性的展開

以無所得故
菩提薩埵
依般若波羅蜜多故
心無罣礙・無罣礙故
無有恐怖・遠離顛倒夢想
究竟涅槃

► 菩提薩埵的體悟境界

三世諸佛
依般若波羅蜜多故
得阿耨多羅三藐三菩提

► 佛陀的證悟境界

故知般若波羅蜜多㊵是大神咒㊶

「大神咒」在此是讚嘆般若有極大的力量，菩薩透過般若波羅蜜多而了悟諸法的空性，也因透徹了解性空而能直觀空性，所以它是大神咒。

◎ 宗教上具有特殊力量的語句

「咒」在中文裡有很多意思和功能。以法術驅鬼除邪或治病的口訣稱為咒，如道教中的畫符與念咒。此外，還有發誓、賭咒的意思。咒還可用在宗教上聲稱具有特殊力量的語詞或語句。

在一般印度人的信仰上，咒是有極大妙用的，他們以誦持密咒，相信藉助咒語裡的鬼神名字和祕密號令，可以解決人力無可奈何的事。這包含了求福、息災、神通等不同的功用。咒既可利益他人、也可損惱傷人。

◎ 持咒是佛教禮佛的一環，最注重者是密乘

此段經說「故知般若波羅蜜多是大神咒」。在經文「大神咒」一詞的梵語是 mahamantro（或 mahamantra）。 maha 是大的意思， mantra 是真言，是宇宙真實的語言，或通稱為咒。大神咒的大，是指此咒廣大普遍，能貫通三世十方，所有宇宙萬物皆生滅於此，而且具備不可思議的神力，可以破除煩惱，神妙難測。

一般人並不了解凡菩薩與佛陀所說出的字語或行為，其實都可以視為真言，是神祕的聲音，业具有神祕的意義。**唸誦真言是佛教修行的一環，這種修行方式特別受到大乘密教的重視。**

咒語、真言、陀羅尼有何不同？

mantra 咒語或真言

❶ = mans + tra

❷ = 想（to think）＋ 解救（rescue）

❸ = 透由冥想獲得解救

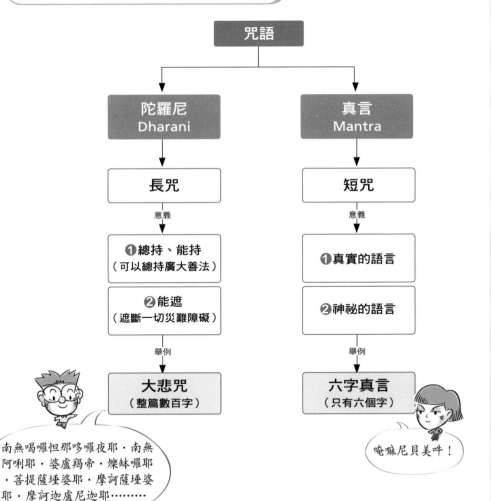

```
                    咒語
         ┌───────────┴───────────┐
      陀羅尼                      真言
      Dharani                    Mantra
         │                          │
       長咒                       短咒
         │意義                      │意義
    ❶總持、能持                 ❶真實的語言
  （可以總持廣大善法）
    ❷能遮                      ❷神祕的語言
  （遮斷一切災難障礙）
         │舉例                      │舉例
      大悲咒                     六字真言
  （整篇數百字）               （只有六個字）
```

南無喝囉怛那哆囉夜耶‧南無阿唎耶‧婆盧羯帝‧爍缽囉耶‧菩提薩埵婆耶‧摩訶薩埵婆耶‧摩訶迦盧尼迦耶⋯⋯⋯

唵嘛尼貝美吽！

是大明咒㊷ 是無上咒㊸ 是無等等咒㊹

「大明」讚誦般若波羅蜜多能破一切黑暗愚癡；「無上」比喻般若波羅蜜多為一切法門之最；「無等等」代表般若波羅蜜多是等同於佛陀境界的咒語。

般若波羅蜜多實在是太奧妙了，於是《心經》用了「是大神咒，是大明咒，是無上咒，是無等等咒」來稱讚它，讚頌般若波羅蜜多是偉大的神咒，是破除黑暗的大明咒，是無法超越其上的無上咒，是個無與倫比的咒語。那麼「大明咒」、「無上咒」、「無等等咒」究竟有哪些不同的含意呢？

◎ 是大明咒

「大明」是讚誦般若波羅蜜多能破一切黑暗愚癡。「大明咒」的梵語是maha vidya-mantro，可分解為大（maha）、明（vidya）與咒（mantro，即mantra）。「明」（vidya）是指覺悟的智慧，但也含有「知識」的意思。「大明」與無明相對，可破根本無明，照滅癡闇。

◎ 是無上咒

「無上咒」的梵語是 nutrara-mantro，它是無法超越的（anutrara）與咒（mantra）的組合字。 anutrara 是非常重要的字，「阿耨多羅三藐三菩提」中「阿耨多羅」就是這個字的音譯，意思是「無上」。

在《心經》裡，anutrara一字玄奘共使用了兩種譯法，因為「順古不翻」的原則，所以在「阿耨多羅三藐三菩提」是採用音譯，但在「無上咒」則改為意譯。「無上」用來比喻般若波羅蜜多為一切法門中之最，沒有任何法門能超越其上，它能總持無量法門，直趨無上正覺，故說「無上咒」。

◎ 是無等等咒

涅槃是無等法，非一切可及，而般若如涅槃，所以名為「無等等」（samasama-mantrah）。「無等」的意思就是「無與倫比」、「無法與之相等」。這是佛陀的境界，因為沒有能與佛陀相等的，所以稱「無等」。但可以與佛等同的是般若波羅蜜多，於是般若波羅蜜多是無等等咒，代表與「無等」（佛陀境界）相「等」的咒語。

解讀大神咒、大明咒、無上咒、無等等咒

梵語學習

maha-mantro 大神咒

❶ = maha + mantra

❷ = 大　＋　咒

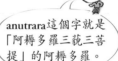

> 梵字裡只有「大咒」的意思，玄奘多譯了一個「神」字，可能是表達般若波羅蜜多具有偉大神力的推崇吧！

梵語學習

maha-vidya-mantro 大明咒

❶ = maha + vidya + mantra

❷ = 大 ＋ 明 ＋ 咒

❸ vidya （明）：指覺悟的智慧，亦含有「知識」的意思。

| 明 | = | 智慧 | = | 掃除無明愚癡的威力 |

梵語學習

nuttara-mantro 無上咒

❶ = anutrara ＋ mantra

❷ = 無法超越的 ＋ 咒

> anutrara這個字就是「阿耨多羅三藐三菩提」的阿耨多羅。

| 無上 | = | 一切之最，無法超越 |

梵語學習

samasama-mantrah 無等等咒

❶ = samasama + mantra

❷ = 無等等 ＋ 咒

 等　相等

 無等　無上的、最高的、無與倫比的

無等等　相等於無上的、相等於無與倫比

24

能除一切苦㊺ 真實不虛㊻

印度人誦咒是為了離苦得樂。觀自在菩薩說透過般若波羅蜜多可以脫離生死苦海，能除一切苦，達到涅槃。這是「真實不虛」的。

從古至今印度人誦咒，為了就是離苦得樂。觀自在菩薩說透過般若波羅蜜多可以脫離生死苦海，所以般若波羅蜜多不僅是大神咒，是大明咒，是無上咒，是無等等咒，而且「能除一切苦」，達到涅槃的喜樂境界。這是「真實不虛」的，為什麼呢？因為在空性之中，體悟空性的智慧與存在是一致的，同時般若波羅蜜多可以圓滿人類所追求的目標與功德，因此「真實不虛」。

◎達賴喇嘛的解釋

第十四世達賴喇嘛以勝義諦與世俗諦來解釋「真實不虛」其中的意義。在他所著的《心經的本質》（Essence of the Heart Sutra）中，他認為般若波羅蜜多是勝義諦（宇宙究竟真理），因此它是真實不虛的。在勝義諦的範疇之中，它是無二、無別的。同樣地，在世俗諦（世俗中的真理）之中，顯現於外的現象與真理之間也是沒有分別的，因此代表宇宙最後真理的勝義諦是不虛妄的。達賴喇嘛還說**透過持誦般若波羅蜜多咒，可以遠離「痛苦」與「痛苦的原因」，獲得自由自在的境界**。因為這是不虛妄的，所以說「能除一切苦，真實不虛」。

二諦：世俗諦與勝義諦

諦代表真理。佛教有二諦：世俗諦和勝義諦。佛教依凡夫和聖人認知的差別，分為世俗諦和勝義諦。世俗諦是指凡夫所認知的真理，勝義諦是指聖人所認知的真理。

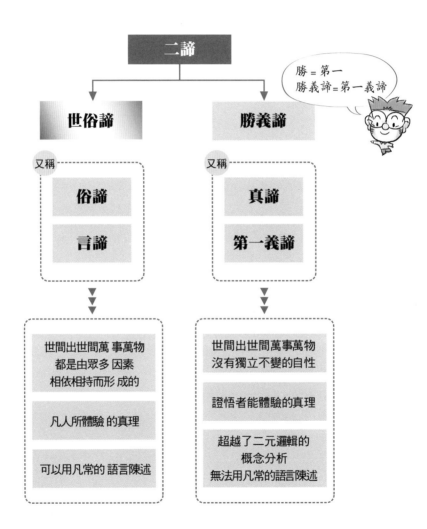

25

故說般若波羅蜜多咒㊼
即說咒曰㊽

整部《心經》來到這裡要以持誦咒語收尾了。「即說咒曰」是咒語的起始語，在此之前是經文義理，在此之後是未被翻譯的梵音咒語。

◎「即說咒曰」是咒語與經文的分水嶺

對於眾多般若系經典而言，「大神咒」、「大明咒」、「無上咒」、「無等等咒」等字眼經常可見，但像《心經》這樣在經文中出現咒語的卻很少見。無論廣本或略本的《心經》，在經文的最後皆附上一段咒語「揭諦揭諦，波羅揭諦，波羅僧揭諦，菩提娑婆訶」。從「顯」的層面來看，這段咒語被視為了解般若義理與觀念的文字段落。就「密」的層面而言，它僅以梵音念誦，無須翻譯。

「即說咒曰」是咒語與經文的分水嶺，此句以下即是咒語的內容，可將意義與用途將它分成三小段如下：

一、即說咒曰（tadyatha）

二、咒語內容：揭諦（gate），揭諦（gate），波羅揭諦（paragate），波羅僧揭諦（parasamgate），菩提（bodhi）

三、結尾語：娑婆訶（svaha）

◎ 咒語以羅馬拼音或台語唸會較接近梵音

一般認為佛經的咒語宜用梵語音譯，不宜譯出其意義。只要能一心誦持，即能使心專一而達到定境，而可引發智慧。問題是這些咒語當時怎麼唸的呢？要如何唸才正確？例如「揭諦，揭諦，波羅揭諦，波羅僧揭諦，菩提薩婆訶」，若以國語發音去唸，肯定與梵音相去甚遠，如此能達到咒語不可思議的力量嗎？

很多佛教用語詞彙流傳至今產生許多不同的音譯，追根究柢是因為不同時代的音韻問題。**就現代人而言，古代音韻恐不容易學習，那就不妨試看看以羅馬拼音的方式，或許比起國語注音的唸法較為接近。**除此之外，熟悉咒語的人可能還會發現這段咒語若改以台語唸誦，會來得正確許多。

分析咒語結構

一般咒語的結構可以分成三部分：起始語、咒語內容、結尾語，以《心經》咒語來說明：

 ① 起始語

tadyatha
即說咒曰

② 咒語內容

gate
揭諦！

gate
揭諦！

paragate
波羅揭諦！

parasamgate
波羅僧揭諦

bodhi
菩提

③ 結尾語

svaha
娑婆訶

這些咒語是諸佛身語意三密之一的密語，含意深遠，神聖祕密不可思議，所以未予翻譯，保持梵語原音輾轉流傳！

用國語發音和梵音相差甚遠，建議用羅馬拼音或台語發音會比較接近梵音。

咒語該不該翻譯？

唐代玄奘大師的看法：五不翻	現代《梵藏心經自學》的作者林光明先生的看法
❶ 祕密故不翻（咒語不翻） ❷ 含故不翻（一詞多義不翻） ❸ 此無故不翻（漢語找不到對應詞句不翻） ❹ 順古故不翻（遵循前輩翻譯不翻） ❺ 善故不翻（可以產生誠敬之情的詞語不翻）。	❶ 一般咒語的內容，經常是部分有文字意義，而部分無文字意義。 ❷ 對懂梵文的人來說，咒文內容可能全部或部分會有意義。 ❸ 對新一代的學習者來說，解釋咒文的意義並作結構分析，對咒文的學習與記憶，應該很有幫助，能讓人很快學會並背咒文，立即感受持誦咒文的功效。 ❹ 雖然我們能了解與接受前賢咒語不翻的理由；但時代不同了，通曉梵文的人越來越多，且對現代人不解釋意義，反而可能有誤學習。 ❺ 因此林光明先生主張，咒語可以解釋與翻譯。

揭諦⑭ 揭諦⑮

「揭諦」意思是「前往」、「到達」，也有「已完成」之意，所以「揭諦！揭諦！」可譯成「去啊！去啊！」

揭諦（gate）的意思是「前往」、「到達」，也有「已完成」之意，所以「揭諦！揭諦！」可以譯成「去啊！去啊！」。對於咒語是否需要翻譯，有不同的論點，反對翻譯的人認為平時人們的思想散亂，而智慧必定要從靜定中培養。因此，密咒無需任何解說，它們是自然的聲音，是佛菩薩的啟示，只要能一心持誦，即能使精神集中專一，引發智慧。

達賴喇嘛對連續的五句咒語有藏傳佛教獨特的解釋。**在《心經的本質》一書中，他不僅解釋咒字的意義，同時還更進一步解說五句咒語隱含的意義**。第一個「揭諦」表達規勸與鼓舞，是說在邁向彼岸的準備工作要先累積資糧，聚集足夠資糧方可上路。

第二個「揭諦」的隱含義是準備進入觀空的道路之前，給予修行者有個良好的心理準備。所以，達賴喇嘛對這兩個「揭諦」的解釋是，前往彼岸這趟旅程的行前準備。

去啊！去啊！

gate

音譯：揭諦

意譯：前往、到達，也有「已完成」之意

看看達賴喇嘛的文章是怎麼說的：

the first "go" as an exhortation to enter the path of accumulating merit
the second as an exhortation to the path of preparing the mind to deeply perceive emptiness

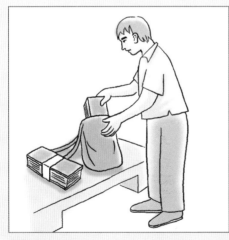

顯義 去啊！去啊！

密義 達賴喇嘛認為是：前往解脫彼岸這趟旅程的行前準備。

逐字解經

26

揭諦，揭諦

171

27 波羅揭諦(51)

「波羅」的意思是「超越」、「到彼岸」。隱含義是：「走在觀見眞理的道路上，直接且無任何媒介地證悟空性」。

「波羅揭諦」(para-gate)，它可分開為「波羅」(para)與「揭諦」(gata)兩個字根。「波羅」(para)的意思是「超越」、「究竟」、「到彼岸」。達賴喇嘛對「波羅揭諦」隱含義的解釋是「走在觀見真理的道路上，直接且無任何媒介地證悟空性」。

「直接且無任何媒介地證悟空性」(the direct and unmediated realization of emptiness)這句話的意思是說，不透由文字、語言、邏輯判斷，也並非透由五根（眼、耳、鼻、舌、身）接觸而證悟，而是完全不藉任何媒介，而能了解空性。這樣的方式也可稱為「直觀」(intuition)，它在哲學中是指**既不靠推理或觀察，也不靠理性或經驗，而可獲得知識的能力**。人類認為它是原始的、獨立的知識來源，對於一些無法說明的真理與基本道德原則的知識，便以這種方式解釋。

前往究竟彼岸！

para-gate

❶ =para+ gata

❷ para 的意思：是「超越」、究竟、到彼岸

❸ gata：前往、去

❹ 音譯：波羅揭諦

❺ 意譯：前往究竟彼岸

顯義 前往究竟彼岸！

密義 走在觀見真理的道路上，直接且無任何媒介地證悟空性。

28 波羅僧揭諦 ⑤

「波羅僧揭諦」的意譯是「一起向彼岸去吧！」隱含義是：「前往彼岸的路上，透過持續地禪修，達到甚深熟悉空性的境界。」

波羅僧揭諦（para-samgate）是「波羅」（para）、「僧」（sam）與「揭諦」（gate）三個字根所組成。此句較前一句「波羅揭諦」只多出一個僧（sam），此字的意思是「共同」、「相同」。因此，「波羅僧揭諦」可意譯成「一起向彼岸去吧！」

達賴喇嘛對此句隱含義的解說是：「波羅僧揭諦」是指「前往彼岸的路上，透過持續地禪修，達到甚深熟悉空性的境界。」在此，達賴喇嘛點出「禪定」（meditation）這個關鍵字眼，說明**熟悉空性的境界是透過持續地禪修而來，並不同於閱讀與了解經文的方式**。這時修行者的體悟不只是「文字般若」的層面，而是在「波羅僧揭諦」的咒語幫助之下進入「觀照般若」的狀態。

觀照般若就是禪定時所啟發的智慧，不同於累積佛學知識所獲得的文字般若，「波羅僧揭諦」這句咒語即具備這種引發般若智慧的功能。而借助「觀照般若」這種真理的體驗，最後可親自證得宇宙根本的實相般若，達到涅槃。如星雲法師所說：「文字般若」就如同船筏（工具），「觀照般若」就如同駕駛（划船的動作），而「實相般若」就如同終點（目的地）。

一起前往究竟彼岸！

para-samgate

❶ =Paragata + sam

❷ = 前往彼岸 + 共同、相同

❸ 音譯：波羅僧揭諦

❹ 意譯：一起向彼岸去吧！

波羅僧揭諦

顯義　一起向彼岸去吧！

密義　往彼岸的路上，透過持續地禪修，達到甚深熟悉空性的境界。

星雲法師說三種般若的比喻

文字般若	方便引導	解悟	如同舟筏（交通工具）
觀照般若	體驗真理	實行	如同駕駛（划船的動作）
實相般若	所依所證	性體	如同終點（目的地）

菩提薩婆訶 53

「菩提」是指「圓滿的智慧」,「薩婆訶」常用做佛經咒語的結尾,是一種祝福語,有「究竟、成就、圓滿、真實」之意。

「菩提」(bodhi)的意思是「圓滿的智慧」,經常意譯成「覺」。「薩婆訶」(Svaha)常用做佛經咒語的結尾,是一種祝福語,有「究竟」、「成就」、「圓滿」、「真實」之意,印順導師就將之譯成「速疾成就」。

◎ 印順導師的說明

印順導師於此的說明簡要易懂,他說:

> 如從慧悟說:密咒不可解說,而解說起來,實與教義一致:如「揭諦」是去義,「波羅」是到彼岸義,「僧」是眾義,「菩提」是覺義,「薩婆訶」是速疾成就義。綜合起來,即是:去啊!去啊!到彼岸去啊!大眾都去啊!願正覺的速疾成就!

「速疾」的意思是「很快的」、「迅速」,「成就」就是最後涅槃的境界。**在「菩提薩婆訶」的咒句下,修行者可快速地到達彼岸,完成般若思想的最終目的,到達人生的理想境界。**

◎ 達賴喇嘛的解釋

對「菩提薩婆訶」此句,達賴喇嘛的解釋是「**鼓勵能堅定地將自己安住在覺悟之地,進入最後的涅槃境界**」。「安住」是這句咒語的關鍵意思之一,意思是說到彼岸很重要,但能堅定安住在這個覺悟之地更是重要,如此才能進入最後涅槃境界,它與佛經常見「安住得不退轉」之意是相同的。

「薩婆訶」在梵語中的源頭,與火供有關,在古印度經典《梨俱吠陀》與《奧義書》早有記載,「薩婆訶」原本是手捧供物給諸神的感嘆詞,意思是「好好地放置」,或「好好地將放在火中的供物整理安置」,這也是祈禱時對火神使用的神聖詞語。在佛經中,「薩婆訶」則有「結語祝福詞」與「安住得不退轉」的雙重含意。

Bodhi

❶ 音譯：菩提

❷ 意譯：圓滿的智慧

Svaha

❶ 音譯：薩婆訶或婆訶

❷ 意譯：究竟、成就、圓滿、真實

顯義 成就了圓滿智慧，到達目的地的歡呼。

密義 達賴喇嘛的解釋是「鼓勵能堅定地將自己安住在覺悟之地，進入最後的涅槃境界」。

薩婆訶Svaha

Svaha 的語意轉化：

❶ 火供儀式中對火神的祈禱語，意思是好好安放供物在火中。

❷ 保持火的燃燒永不熄滅。

❸ 安住不退轉。

得稱多羅三狼三菩提

故知般若波羅蜜多是大神呪是大明呪是無上

呪是無等等呪能除一切苦真實不虛故

說般若波羅蜜多呪即說呪曰

揭諦揭諦波羅揭諦波羅僧揭諦

Part **3**

追根究柢

進階15問

《心經》的文字是擷取自《大般若經》的哪些部分？

《心經》的文字是擷取自《大般若經》第421卷與第429卷，兩卷都是出自於第二會。

《大般若經》共十六會，其中第二、四、九會等般若基本思想大概成書於西元前一世紀左右。其餘各會都是之後結集的經典。依據經文比對，《心經》的文字是擷取自《大般若經》第421卷與第429卷，兩卷都是出自於第二會。其中，在闡述空性和讚揚咒語兩部份的文字大同小異，最接近了。至於《心經》最後持誦的咒語則是出於《陀羅尼經》。

◎ 空性部分

> 舍利子！色不異空，空不異色；色即是空，空即是色；受、想、行、識，亦復如是。舍利子！是諸法空相，不生不滅，不垢不淨，不增不減。是故空中無色，無受、想、行、識，無眼、耳、鼻、色、身、意，無色、聲、香、味、觸、法，無眼界，乃至無意識界。無無明，亦無無明盡，乃至無老死，亦無老死盡，無苦集滅道。無智亦無得。

這部分共計一百零九字，源自《大般若經》第421卷〈觀照品〉第三之二。在〈習應品〉第三也可找到相同的內容。因為與《心經》本文對照，實在是太相似了。幾乎可斷定《心經》構造是依據這段文為主體，採用經的形式，再附加前後的序與結論的咒，這兩部分的經文也屬於十六會的第二會。

◎ 讚揚咒語部分

> 是大神咒，是大明咒，是無上咒，是無等等咒，能除一切苦。

這部分共計二十二字，源自《大般若經》第429卷〈功德品〉第三十二，且與〈持勤品〉第三十四文字大同小異。這部分經文也屬於十六會的第二會。

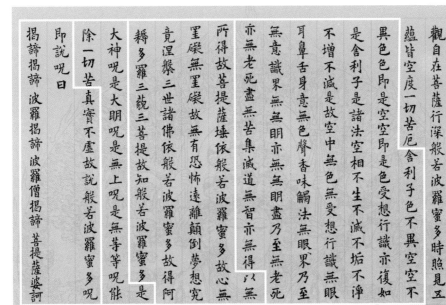

揭諦揭諦 波羅揭諦 波羅僧揭諦 菩提薩婆訶

即說呪曰

除一切苦 真實不虛 故說般若波羅蜜多呪

大神呪是大明呪是無上呪是無等等呪能

耨多羅三藐三菩提故知般若波羅蜜多是

竟涅槃三世諸佛依般若波羅蜜多故得阿

罣礙無罣礙故無有恐怖遠離顛倒夢想究

所得故菩提薩埵依般若波羅蜜多故心無

亦無老死盡無苦集滅道無智亦無得以無

無意識界無無明亦無無明盡乃至無老死

耳鼻舌身意無色聲香味觸法無眼界乃至

不增不減是故空中無色無受想行識無眼

是舍利子是諸法空相不生不滅不垢不淨

異色色即是空空即是色受想行識亦復如

蘊皆空度一切苦厄 舍利子色不異空不

觀自在菩薩行深般若波羅蜜多時照見五

般若波羅蜜多心經

源自《大般若經》第429
卷〈功德品〉第三十二，
或〈持勤品〉第三十四

讚揚咒語，共**22**字
相似度90%

源自《大般若經》第421
卷〈觀照品〉第三之二
，或〈習應品〉第三

談空性，共**109**字
相似度99%

源自《陀羅尼經集》
第三卷〈般若大心陀
羅尼〉

持誦咒語，共**22**字
相似度99%

源自《大般若經》第429
卷〈功德品〉第三十二或
〈持勤品〉第三十四

流通禮讚文，共**69**字
相似度85%

追根究柢

1 《心經》的文字是擷取自《大般若經》的哪些部分？

2

《心經》流通分的結構有何特殊之處？

《心經》的流通分很特殊，與前述一般經典流通分的內容不同，包含「禮讚文」與「護持文」，前者稱讚此經的功德，後者則是咒語部分。

「正宗分」是經典的正文，「流通分」則是最後部分，內容或敘說受持此經有何好處，鼓勵修行者願意學習、流傳；或敘說大眾聽後歡喜，鼓勵有興趣者學習。

《心經》的流通分很特殊，與前述一般經典流通分的內容不同，包含「禮讚文」與「護持文」，前者稱讚此經的功德，後者則是咒語。

一、禮讚文：「故知般若波羅蜜多，是大神咒，是大明咒，是無上咒，是無等等咒，能除一切苦，真實不虛。」

二、護持文：「即說咒曰：揭諦，揭諦，波羅揭諦，波羅僧揭諦，菩提薩婆訶。」

◎「禮讚文」的可能出處

禮讚文的出處可能來自這三個地方：一是鳩摩羅什所譯的《大品般若·大明品第三十二》，二也是鳩摩羅什所譯的《大品般若·勸持品》，三是玄奘所譯的《大般若經》第一會〈功德品〉。這三段經文除了與《心經》相似度極高之外，原是世尊與釋提桓因（或天帝釋）的對話，在《心經》則改以觀自在菩薩與舍利子的對話。

◎「護持文」的可能出處

在《陀羅尼集經·般若大心陀羅尼》有咒語：「多姪多，揭帝揭帝，波羅揭帝，波羅僧揭諦，菩提莎訶。」它與「即說咒曰：揭諦，揭諦，波羅揭諦，波羅僧揭諦，菩提薩婆訶」幾乎完全相同。其中，「多姪多」（tadyatha）意譯即為「即說咒曰」。

```
        ┌─────────────────────┐
        │   《般若心經》        │
        │   流通分的分析       │
        └─────────────────────┘
                  │
        ┌─────────┴─────────────┐
        │                       │
```

禮讚文	護持文
讚誦該經功德廣大	咒語的念頌
故知般若波羅蜜多‧是大神咒‧是大明咒‧是無上咒‧是無等等咒‧能除一切苦‧真實不虛‧故說般若波羅蜜多咒‧	即說咒曰‧揭諦‧揭諦‧波羅揭諦‧波羅僧揭諦‧菩提薩婆訶‧

源自於 →

源自於 →

第1來源
《大明品第三十二》（丹本作寶塔品）鳩摩羅什所譯

是般若波羅蜜是大明咒是無上明咒。若善男子、善女人，於是明咒中學，……不得色受想行識，乃至一切種智亦不可得，以不得故。不自惱身亦不惱他亦不兩惱。學是大明咒故，得阿耨多羅三藐三菩提。

《陀羅尼集經》第三卷
唐代，印度僧人阿地瞿多譯

多姪多，揭帝揭帝，波羅揭帝，波羅僧揭諦，菩提莎訶。

多姪多 tadyatha 是即說咒曰的梵語音譯。

第2來源
《摩訶般若波羅蜜經‧勸持品第三十四》鳩摩羅什所譯

般若波羅蜜，是大明咒，無上明咒，無等等明咒。何以故？世尊，是般若波羅蜜能除一切不善，能與一切善法。

第3來源
《大般若經‧功德品》
三藏法師玄奘譯

是大神咒，是無上咒，是無等等咒，是一切咒王，……能降伏一切，不為一切之所降伏。

傳統流通分的要點

一般經典的流通分內容大致包括四點：
一、讚誦該經功德廣大。
二、記錄聽聞者的歡喜法悅。
三、書寫經文、受持讀誦或流通宣布，將可獲大功德。
四、說明受持的方法與目的。

追根究柢

2

《心經》流通分的結構有何特殊之處？

3

《心經》咒語的原始出處在哪裡？

《陀羅尼集經》有段咒語：「跢姪他，揭帝揭帝，波羅揭帝，波囉僧揭帝，菩提莎訶。」與《心經》咒語非常相似，《心經》咒語可能是出自於此。

◎ 《陀羅尼集經》

中天竺高僧阿地瞿多，於西元652年攜帶了許多梵本到長安。唐高宗非常重視他，特下敕安置在大慈恩寺。**阿地瞿多（Atikuta）進行祕密經典的傳譯，也影響了當時的玄奘譯經相關的品類**，其中一份《陀羅尼集經》的內容講說諸佛菩薩、諸天的印咒。在該經第三卷〈般若大心陀羅尼〉第十六咒寫著：

跢姪他，揭帝揭帝，波羅揭帝，波囉僧揭帝，菩提莎訶。

這段咒語顯然與《心經》咒語相似度極高，《心經》咒語可能是出自於此，它不僅是密教真言，並且是般若波羅蜜菩薩的咒語。在密教胎藏界的「持明院」共有五尊菩薩，分別是四周的不動明王（佛部）、降三世明王（金剛部）、大威德明王（蓮花部）、勝三世明王（佛部），以及中央的般若波羅蜜菩薩。

◎ 密教胎藏界的般若菩薩

這位般若波羅蜜菩薩形貌似天女之相，共有六臂，其左一手持梵篋，內含有般若的真言。他的密號是「智慧金剛」，與大日如來四波羅蜜中的金剛波羅蜜同體，是大日如來的正法輪身。依據《仁王經儀軌》記載：「金剛般若波羅蜜者，即般若菩薩也。」此外，《秘藏記末》說：「五大院中坐般若菩薩，天女貌，白肉色，並有六手。左一手持梵篋，五手信契印。」

唐代大慈恩寺

大慈恩寺是世界聞名的佛教寺院，唐代長安的四大譯經場之一，也是中國佛教法相唯識宗的祖庭，迄今已歷一千三百五十餘年。大慈恩寺位於古城西安南郊，創建於唐太宗貞觀二十二年（648）。寺院新建落成時，唐代高僧玄奘受朝廷聖命，為首任上座住持，並在此翻譯佛經十餘年。此外，中天竺的印度高僧阿地瞿多也在這裡進行了祕密經典的傳譯，影響了當時玄奘譯經的相關品類。

（北京）

唐代長安
(西安)

大慈恩寺

唐代的印度高僧阿地瞿多譯出《陀羅尼經集》，裡面有般若菩薩的咒語，應該就是《心經》咒語的出處。

《心經》咒語是般若菩薩的咒語

在密教胎藏界的「持明院」共有五尊菩薩，分別是四周的不動明王（佛部）、降三世明王（金剛部）、大威德明王（蓮花部）、勝三世明王（佛部），以及中央的般若波羅蜜菩薩（Prajna-bodhi-sattva），也就是心經女神，「揭帝揭帝，波羅揭帝，波囉僧揭帝，菩提莎訶」即是她的咒語。

跢姪他，揭帝揭帝，波羅揭帝，波囉僧揭帝，菩提莎訶。

般若波羅蜜菩薩，又稱般若菩薩，貌若天女，白膚，共有六臂，其左一手持梵篋，內含有般若的真言，其他五手持印相。他的密號是「智慧金剛」，與大日如來四波羅蜜中的金剛波羅蜜同體，是大日如來的正法輪身。

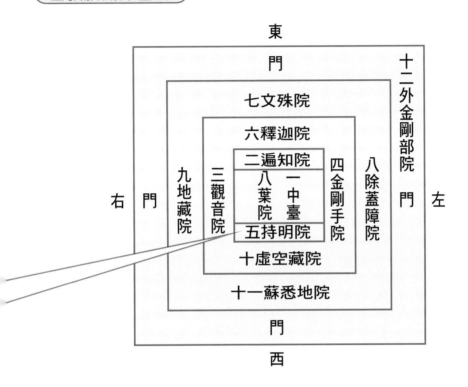

東
門

十二外金剛部院　門　左

七文殊院

六釋迦院

二遍知院

八葉院　一中臺　四金剛手院

八除蓋障院

九地藏院

三觀音院

五持明院

十虛空藏院

十一蘇悉地院

門

西

右　門

金剛界與胎藏界

金剛界與胎藏界的概念分別是用來說明密教裡大日如來的「智」與「理」，理是指所觀察的道理，智是指能觀察的智慧，理與智合一，便叫作覺悟。其中金剛界代表金剛不壞的意思，闡明智慧堅固不壞的特質，可以摧破煩惱，如同金剛一般。而胎藏界意思是胎藏子，是說生命在母胎內孕育成長，闡明理體廣大，能攝萬德，猶如胎藏。

《青龍寺儀軌》

《青龍寺儀軌》乃是《大毘盧遮那成佛神變加持經蓮華胎藏菩提幢標幟普通真言藏廣大成就瑜伽》的異名，共有三卷，唐朝時由法全在青龍寺譯出，被視為《大日經》四部儀軌中的一部。

《大般若經》的四處十六會分別在哪裡舉行？

《大般若經》並非一次就結集而成的，它的結集時間始於西元前一世紀，延續至十世紀，說法的地方共有四處：山、園、宮、池。

《心經》是《大般若經》的心要，《大般若經》是最長的佛教經典，共600卷，內容是闡述「空」的道理。事實上，《大般若經》並非一次就結集而成的，它的結集時間始於西元前一世紀，延續至十世紀，說法的地方共有四處：山、園、宮、池。

❶ 山：摩揭陀國王舍城的鷲峰山，又稱「耆闍崛山」、「靈鷲山」或「靈山」，因山形似鷲，而且山上又多鷲鳥，故而得名。**此處是《心經》說法之處**，《大般若經》十六會有七次於此結集。

❷ 園：舍衛國的給孤獨園，**是《金剛經》的說法之處**，《大般若經》十六會有七次於此結集。

❸ 宮：他化自在天宮。他化自在天是欲界的第六天，在此世界裡可參與並體悟諸天界創造出來的喜樂。據說阻礙佛陀成道的魔王，就住在他化自在天。《大般若經》十六會僅一次於此結集，結集的經即是《般若理趣分》，是密教的般若經。

❹ 池：摩揭陀國王舍城竹林精舍的白鷺池。《大般若經》十六會中的第十六會即說於此處，內容是六波羅蜜多的《般若波羅蜜多分》。

《大般若經》總共 600 卷，是般若波羅蜜多義理的講聽結集。經文有長有短，據說是佛陀在四個地方與十六次集會所記載的經文，也就是所謂的「四處十六會」。這十六會的內容涵蓋一般人熟知的《心經》與《金剛經》，可說是總集般若波羅蜜多義理最完整的編輯品。

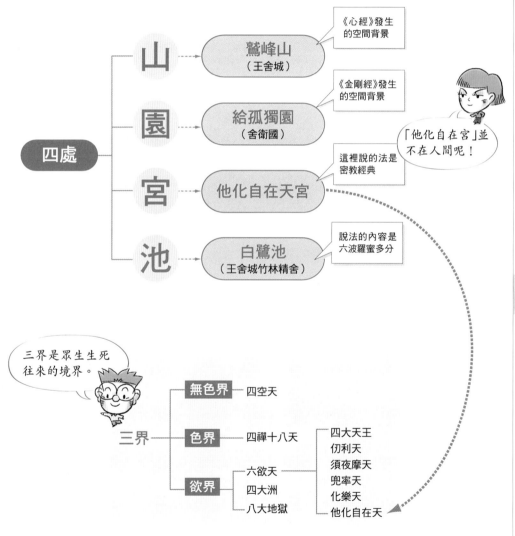

四處

山 → 鷲峰山（王舍城）
《心經》發生的空間背景

園 → 給孤獨園（舍衛國）
《金剛經》發生的空間背景

宮 → 他化自在天宮
這裡說的法是密教經典

「他化自在宮」並不在人間呢！

池 → 白鷺池（王舍城竹林精舍）
說法的內容是六波羅蜜多分

三界是眾生生死往來的境界。

三界
無色界 ── 四空天
色界 ── 四禪十八天
欲界 ── 六欲天 ── 四大天王 / 忉利天 / 須夜摩天 / 兜率天 / 化樂天 / 他化自在天
四大洲
八大地獄

四處十六會的分析總表

1

較早完成的三個集會
第二、四、九會般若基本思想大概
成書於公元前一世紀左右。其餘都
是這之後結集的經典。

2

《心經》經文的來源
第二會的內容主要是《二萬五千頌
般若》，《心經》便是濃縮節錄自
第 421 與 429 卷。

4

唯一的密教典籍
十六會中唯一的密教經典是在第十
會中傳出，僅一卷。第十會的地點
並非發生於人間世界，而是在他化
自在天宮。

5

大乘菩薩的六波羅蜜多
第十一至第十六會的重點是六波羅
蜜多。分別在給孤獨園、靈鷲山與
竹林精舍的白鷺池等三地結集。

會的編號	起訖卷	卷數
第一會	1～400	400
第二會	401～478	78
第三會	479～537	59
第四會	538～555	18
第五會	556～565	10
第六會	566～573	8
第七會	574～575	2
第八會	567	1
第九會	577	1
第十會	578	1
第十一會	579～583	5
第十二會	584～588	5
第十三會	589	1
第十四會	590	1
第十五會	591～592	2
第十六會	593～600	8

年代最古的《八千頌般若》
《八千頌般若》出自於第四會。原始的般若經一般稱為《八千頌般若經》，也就是漢地所稱的《小品般若經》。

地點	要點
王舍城之鷲峰山	卷數最多。
王舍城之鷲峰山	與第一會的內容大致相同。
王舍城之鷲峰山	與第一會「開」、「合」之處不同。
王舍城之鷲峰山	唯最後隨順品中之文，與第三會不同。
王舍城之鷲峰山	較第四分則更略。
王舍城之鷲峰山	有十七品，與前分不別。
舍衛城之給孤獨園	曼殊室利分。
舍衛城之給孤獨園	那伽室利分。
舍衛城之給孤獨園	能斷金剛分。
他化自在天宮	般若理趣分。
舍衛城之給孤獨園	布施波羅蜜分。
舍衛城之給孤獨園	淨戒波羅蜜多分。
舍衛城之給孤獨園	安忍波羅蜜多分。
舍衛城之給孤獨園	精進波羅蜜多分。
王舍城之鷲峰山	禪定(淨慮)波羅蜜多分。
王舍城竹林精舍之白鷺池	般若波羅蜜多分。

註：大般若經對於經文的開頭和結束，稱為「開」、「合」。

著名的《金剛經》
《金剛經》出自於第九會，此會僅第577卷一卷。

5

西方學者孔茲將般若思想的發展分爲哪四個階段？

「般若經」的結集由西元前一世紀開始，直至十世紀。孔茲將般若經的發展分成四個階段：原始的、發展中的、濃縮的與密教的。

《心經》是般若思想中份量甚重的典籍。大約西元前一世紀，在新佛教思想運動——大乘佛教——的萌芽階段中，般若經開始被結集出來。但那時般若經的名目並非明確，只是籠統的稱呼而已。由歷史看來，般若經的結集一般認為是由西元前一世紀開始，直至十世紀，陸續仍有新的結集出現。因此，**今日所看到的般若經，其實是長達十一個世紀結集的結果。**西方研究般若思想的知名學者孔茲(E. Conze)，將般若經的發展分成四個階段：

◎ 第一階段：原始「般若經

原始的般若經，一般稱為《八千頌般若經》，也就是《小品般若經》。目前推斷《八千頌般若經》的初品為「根本般若」，**是般若經最古老的部分。**

◎ 第二階段：發展的般若經

這是般若經篇幅迅速擴張的時期，少則一萬八千頌與二萬五千頌，甚至在最後產生十萬頌的巨大篇幅。這其間思想複雜，雖然經文豐富，卻很不容易掌握結構的重點，於是產生第三階段的般若經結集。

◎ 第三階段：濃縮的般若經

濃縮的形式有兩種，第一種是將經文要義用詩頌的形式表現，以方便持誦，如《現觀莊嚴論》，將二萬五千頌般若經要義以幾十首詩頌表現出來。第二種是以散文形式來濃縮要義，例如《心經》與《金剛經》。

◎ 第四階段：密教的般若經

隨著密教的崛起，新的般若經應運而生，代表的經典是《理趣般若經》。**密教的教理，基本上是以大乘中觀派與瑜伽行派的思想理論爲基礎，再加上一些具有神祕色彩的咒術與儀軌。**

般若經的四個發展階段

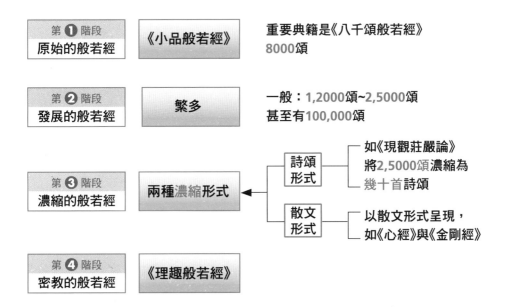

| 第 ❶ 階段
原始的般若經 | 《小品般若經》 | 重要典籍是《八千頌般若經》
8000頌 |

| 第 ❷ 階段
發展的般若經 | 繁多 | 一般：1,2000頌~2,5000頌
甚至有100,000頌 |

| 第 ❸ 階段
濃縮的般若經 | 兩種濃縮形式 ◀ | 詩頌形式 ── 如《現觀莊嚴論》將2,5000頌濃縮為幾十首詩頌
散文形式 ── 以散文形式呈現，如《心經》與《金剛經》 |

| 第 ❹ 階段
密教的般若經 | 《理趣般若經》 |

誦與卷

「頌」是印度記量書籍長短的單位。
「卷」是印度記量書籍長短的單位。

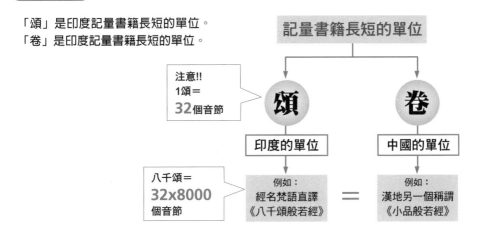

記量書籍長短的單位

頌 — 印度的單位

注意!!
1頌＝
32個音節

八千頌＝
32x8000
個音節

例如：
經名梵語直譯
《八千頌般若經》

＝

卷 — 中國的單位

例如：
漢地另一個稱謂
《小品般若經》

要到達佛陀境界，可透過哪三種般若？

般若是證悟一切現象眞實性的智力，它可協助修行者達到涅槃的境界，依不同層次又可分成文字般若、觀照般若、實相般若三種。

般若是證悟一切現象真實性的智力，它可協助修行者達到涅槃的境界，脫離輪迴之苦。代表智慧的般若可分為三種層次，第一種是了解佛經語言、文字的智慧，稱為「文字般若」。第二種是禪定時啟發的智慧，稱為「觀照般若」。第三種是體悟真理本質的智慧，它是佛陀的智慧，稱為「實相般若」。

◎ 凡夫的聰明才智

要達到佛陀的境界有不同的方法，**一般先是由「文字般若」開始。方法是透過閱讀與誦念的方式領會經文的義理**。在充分理解文字的知識之後，展開的是一個全新的觀照層面。觀照是甚深的禪定功夫，其重要性可能甚過於閱讀經文。修行者隨著觀照功夫的深進，終將達到《心經》的「照見五蘊皆空」。「照見」並非大腦神經的功能作用，它不是用肉眼觀看，也不同於以第六意識進行「分別觀想」，而是不透過任何媒介「直接觀照」。這種觀被稱為「直觀」，如果能持續專注直觀狀態，最後就有機會透過般若波羅蜜多證得「實相般若」。

所以，觀照是學佛成道的重要途徑，是能否修持成就的關鍵。《心經》經文中首句「觀自在菩薩，行深般若波羅蜜多時」的「行深」，已是隱含著甚深的「觀照般若」，且也是在證悟「實相般若」的進行式中，努力逐步達到完成式的「實相般若」。

1

文字般若

文字語言內含的智慧

在理解與讀誦經文過程中,獲得語言文字的智慧。

注意!觀照是修證成就的關鍵!

2

觀照般若

禪定冥想的智慧

在禪定冥想時,個人體悟的智慧。

3

實相般若

究竟本質的智慧

究竟本質的真理智慧,是終極智慧,是佛陀境界的智慧。

「觀自在菩薩行深般若波羅密多時」這句話說明菩薩已在甚深觀照般若中,逐步接近完美的實相般若。

小乘聖者與大乘菩薩獲得的智慧有何不同？

凡夫、小乘聖者到大乘菩薩的智慧皆有所不同，每個階段差異的關鍵要點在於我執、我空、法執、法空。

大乘佛教思想興起於西元初，不同於小乘佛教注重自利，大乘強調眾生皆可成佛，自利、利他兩者皆重。由於大、小乘擁有不同的修行態度，因此獲得不同層次的智慧，差異的關鍵要點在於我執、我空、法執、法空，這些概念在《心經》中完整地呈現。

◎ 凡夫的聰明才智

凡夫的聰明才智通常是指個人的學識經驗與世間的價值判斷，這是世間的智慧。因凡夫有我執，妄執人類有個恆存的「我」的實體，即使擁有世間極佳的學識經驗，但仍迷惑於虛妄輪迴的苦惱之中，無法獲得解脫。

◎ 小乘者的智慧

小乘者的智慧是出世間的智慧。聲聞乘與緣覺乘的聖者致力於追求這種智慧，他們透過四諦法門與觀十二因緣法，破除了我執，達到我空的境界，體悟眾生雖有一個身心，但那是五蘊假合而成的，並無恆存的「我」的實體。**小乘聖者雖已出離三界，獲得解脫，但不夠究竟，因為還有法執。**他們畏懼生死輪迴，急於脫離生死苦海，於是執著能脫離苦海的法門，執著於一切法是實有的，所以心中仍有罣礙，無法自由自在。

◎ 大乘菩薩的智慧

大乘菩薩的智慧是出世間的智慧，這種智慧能超越小乘執著於法的障礙。**它同時破除我執與法執，達到我空與法空的境界。**菩薩體悟法空，知道一切萬法都是因緣而生，也了悟緣起的諸法其性本空，並無真實的自體可得。當菩薩能證得此法空智慧，就能破除法執。不過菩薩獲得解脫時，仍不離世間，一切為救度眾生，依舊自由自在地往來於生死與涅槃之間，因為有了這種世出世間的智慧，所以才能心無罣礙。

我執、我空、法執、法空

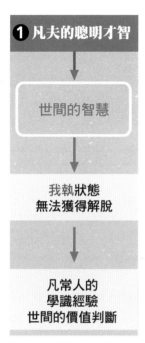

❶ 凡夫的聰明才智

↓

世間的智慧

↓

我執狀態
無法獲得解脫

↓

凡常人的
學識經驗
世間的價值判斷

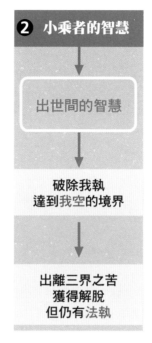

❷ 小乘者的智慧

↓

出世間的智慧

↓

破除我執
達到我空的境界

↓

出離三界之苦
獲得解脫
但仍有法執

❸ 大乘菩薩的智慧

↓

世出世間的智慧

↓

破除我執與法執
達到我空與法空

↓

獲得解脫
但不離世間
一切為救度眾生

四個關鍵概念

1. 我執：妄執人類有一個實在的我體。
2. 我空：眾生雖然都有一個心身，但那是五蘊假合而成的，沒有實在常一的我體，叫作我空。
3. 法執：執著於一切法是實有的。
4. 法空：緣起性空是說宇宙間一切萬法都是因緣而生起的。而緣起的諸法，其性本空，並無真實的自體可得。如果菩薩能證得此法空智慧，就能破除法執。

比較	凡夫	小乘聖者	大乘菩薩
我執	●		
我空		●	●
法執		●	
法空			●

8

不同根器如何運用「三科」來修行？

《心經》裡曾完整說明三科，即五蘊、十二處、十八界。三科又稱為「三門」，是用來描述一切法，目的是為了破除凡夫「實我之執」的迷妄。

五蘊、十二處、十八界，舊譯為五陰、十二入、十八界，不同人要如何運用這三門來進行修行，在成書時間比《心經》更早的《毘婆沙論》第七卷裡有詳細的說明：凡夫隨著根器的不同，迷妄的心也不同，有迷心重的人，迷色重的人，亦有迷心、迷色二種皆重者，於是有了三門來一一因應這些不同根器的人：

◎ **迷心重者**

迷心重者，可透由分析五蘊來破迷心重的人，適用上根器者，因為五蘊中只有色蘊為色法，其他受、想、行、識等四蘊是心法，所以五蘊適用於迷心偏重者。

◎ **迷色重者**

迷色重者，可透由分析十二處來破迷色重的人，適用中根器者。因為五根、五境等十處，是色法。只有意根、法境二處是心法，所以十二處適用於迷色偏重者。

◎ **迷心、迷色二者重者**

迷心、迷色二者重者，可透由分析十八界來破心色皆重，適用下根器者。因為五根、五境等十界，是色法；意根與法境及六識等八界，是心法，所以十八界用來破心色皆重。

在另一部典籍《秘藏記鈔》第九卷，則是從密教觀點來討論三門，它與《毘婆沙論》第七卷的說法相近，只不過是再搭配大乘密教裡胎藏界佛部、蓮華部與金剛部等三部的概念。為迷於心法者，說五蘊，表金剛部的智。為迷於色法者，說十二處，表蓮華部的理（密教色屬於法理）。為色心雙迷者，說十八界，表蓮華部、金剛部不二的佛部。

三科與三門

《毘婆沙論》說法

有關《毘婆沙論》第七卷解釋三門的內容，簡單扼要的條例式說明如下：

《毘婆沙論》解釋三門表

適用對象	方法	根器類別
迷心重者	分析五蘊	上根器者
迷色重者	分析十二處	中根器者
迷心、迷色二者重者	分析十八界	下根器者

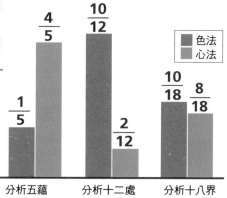

毘婆沙是 Vibhasau 的音譯，意思是「廣說、勝說、異說」，所以《毘婆沙論》是廣說、廣論。

密教《秘藏記鈔》說法

密教對於三門的解釋法，會搭配胎藏界內佛部、蓮華部與金剛部等三部。在《秘藏記鈔》第九卷解釋三門的內容整理如下：

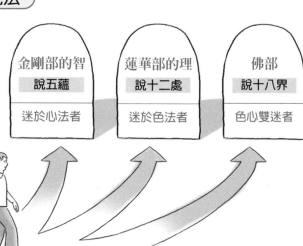

金剛部的智　說五蘊　迷於心法者

蓮華部的理　說十二處　迷於色法者

佛部　說十八界　色心雙迷者

9

《心經》裡的「是」字並非「是」的意思？

竺家寧教授認為「是」字在上古時期先秦的用法，主要只有兩種意思，分別是「此」與「是、非」，《心經》的「是」應譯為「此」。

政治大學中文系教授竺家寧在其著作〈色即是空：論心經中「是」字的功能〉一文中指出，玄奘大師《心經》裡「是」字的用法出現四處，共有九個字。

（一）色即是空，空即是色；受、想、行、識，亦復如是。

（二）是諸法空相，不生、不滅；不垢、不淨；不增、不減。

（三）是故空中無色，無受、想、行、識。

（四）是大神咒，是大明咒，是無上咒，是無等等咒，能除一切苦，真實不虛。

竺教授認為「是」字在上古時期先秦的用法，主要只有兩種意思，分別是「此」（類似英語 this）與「是、非」（類似英語 is、 is not），所以《心經》的「是」應譯為「此」。

竺教授在文章中指出「我是老師」的用法，在語法學裡稱為「繫詞」，是東漢以後才產生的，且一般只見於口語中，很少用於正式文章。同時，他分析《大般若波羅蜜多經》最常見的「是」字結構，推論出玄奘大師的用語風格，一般都將「是」字作「此」字用，《心經》當然也是如此。

竺教授例舉「故知般若波羅蜜多，是大神咒」這句經文的兩種英文譯法，指出鈴木大拙的英譯本，將「是」譯為 is 是有問題的，而賀偉志的英譯本（1977， UC Berkeley），將「是」譯為 this，是比較精確的譯法。

一、鈴木大拙的翻譯：

Therefore, one ought to know that the Prajnaparamita is the great Mantra.

二、賀偉志的翻譯：

Therefore, know this greatly luminous magical charm, this unexcelled charm, this charm that is equal of the unequalled, that can remove all woes.

「是」這個字的用法

是
❶ 此（this）
❷ 是（繫詞，is/am/are）

●竺家寧教授提出，《心經》裡的「是」應該是「此」的意思，所以：

色即是空，空即是色；受、想、行、識，亦復如是

↓

色即此空，空即此色；受、想、行、識，亦復如此

是諸法空相，不生不滅，不垢不淨，不增不減

↓

此諸法空相，不生不滅，不垢不淨，不增不減

是故空中無色，無受、想、行、識

↓

此故空中無色，無受、想、行、識

故知般若波羅蜜多，是大神咒，是大明咒，
是無上咒，是無等等咒，能除一切苦，真實不虛

↓

知般若波羅蜜多，此大神咒，此大明咒，此無上咒，
此無等等咒，能除一切苦，真實不虛

10

觀自在菩薩處於修觀狀態，可以說法嗎？

《心經》開頭說：「觀自在菩薩行深般若波羅蜜多時，照見五蘊皆空」，隨後便對舍利弗說般若真諦。在這種已進入甚深禪定觀修狀態下，觀自在菩薩可以同時說法嗎？東初老人在《心經思想史》裡提出三個重要論點：

◎ **論點一：正在修持甚深般若的不只是觀自在菩薩，而是許多菩薩摩訶薩**

在唐代法月重譯《普遍智藏般若波羅蜜多心經》中寫著：「如是我聞，一時佛在王舍大城靈鷲山中，與大比丘眾滿百千人，菩薩摩訶薩七萬七千人俱，其名曰觀世音菩薩、文殊師利菩薩、彌勒菩薩等，以為上首，皆得三昧總持，住不思議解脫。」從這段經文我們可以看到得三昧總持，住不思議解脫的是菩薩摩訶薩，包括觀世音菩薩、文殊師利菩薩、彌勒菩薩等等，並非單指觀自在菩薩。接著經文又寫著：「爾時觀自在菩薩摩訶薩在彼敷坐，於其眾中即從座起，詣世尊所，面向合掌曲躬恭敬，瞻仰尊顏而白佛言。」這時候觀自在菩薩應該是離開了甚深三昧總持的狀態，才會有這一連串的動作，並向舍利弗闡述般若要義。

◎ **論點二：能自由穿梭於輪迴世界與涅槃境界的菩薩都可視為觀自在菩薩**

東初老人的意思應該是凡能自由自在地穿梭於「輪迴世界」與「涅槃境界」的菩薩都可視為觀自在菩薩。達到這樣境界的菩薩已經是人空與法空的狀態，就如同四地菩薩能真（理想世界）俗（世俗人間）雙行，觀一切境界皆得自在。

◎ **論點三：強調「深般若」，來彰顯觀自在菩薩的偉大**

《大品般若》認為般若智慧是有不同層次的，**聲聞乘與緣覺乘聖者體驗的般若智慧是相對智慧，是「淺般若」。**與之相對的「深般若」是直觀真理的本體，是超越文字語言的絕對智慧，為了要與聲聞、緣覺聖者的般若智慧作區隔，於是在般若之前加個「深」字。所以說觀自在菩薩，行深般若波羅蜜多時，照見五蘊皆空。如此解釋就沒有在修觀狀態下說法的問題了。

東初老人的三種論點

觀自在菩薩已進入禪定觀修狀態，又對著舍利弗說法，這種狀態成立嗎？針對此問題，
東初老人提出三個可以深入討論的觀點：

第一種可能

觀自在菩薩是從甚深
禪定中出來，才向舍
利弗說法。

觀自在菩薩和文殊、彌勒
等等大菩薩們一起進入甚
深禪定，後來觀自在離開
禪定狀態，起身走向佛陀
而有了後面的說法。(見唐
代法月譯本)

第二種可能

菩薩能在輪迴世界和涅槃世界來去自
如，所以可以同時修觀又說法。

舍利子，
色不異空，
空不異色
……

修行果位到達四地的菩薩
能在理想世界和世俗人間
並行穿梭，觀一切境界皆
自在。

第三種可能

「行深般若」只是強調菩薩的
智慧境界勝過一般小乘聖者。

深般若

淺般若

到底哪一個解
釋比較合理？

去問問觀自在
菩薩吧！

達賴喇嘛怎麼看《心經》咒語？

達賴喇嘛比較了藏文譯本和玄奘譯本裡描述咒語的差異，並進一步揭露咒語的密義是以累積資糧、心的準備、直觀、禪定與安住等五個階段，說明達到佛陀境界的過程。

◎ 藏文譯本和玄奘譯本裡描述咒語的差異

在咒語的部分，藏文本與玄奘的譯本之間略有差異，藏文本中並無「是大神咒」這一句。達賴喇嘛對咒語有如下的說明：

一、般若波羅蜜多是「大明咒」：因徹底了解般若波羅蜜多的意義，就可以消除貪、瞋、癡三毒。

二、般若波羅蜜多是「無上咒」：因般若波羅蜜多能協助眾生超越生死輪迴，以及獨覺乘自覺涅槃的兩端，獲得解脫。

三、般若波羅蜜多是「無等等咒」：佛陀的覺悟狀態是無法與之等同的，但如果能深刻了解般若波羅蜜多，就能達到與佛陀無等的境界。

◎ 五句咒語的密義：一場成佛旅程的準備過程

第十四世達賴喇嘛在其所著的《心經的本質》一書中，對於「揭諦・揭諦・波羅揭諦・波羅僧揭諦・菩提薩婆訶」這五句咒語，說明了其中的密義，這其實就是「前往彼岸」成佛旅程的籌畫和準備工作。五句咒語對應成佛的五個階段，他的解釋是這樣的：

第一句「揭諦」是「鼓勵前往累積資源的道路」，如同旅行者行前必須準備足夠的盤纏。

第二句「揭諦」是「鼓勵準備前去甚深觀見空性的道路」，這是心靈層面的鼓勵，也是行前建設性的心理準備。

第三句「波羅揭諦」是「走在觀見真理的道路上，在一種直接沒有任何媒介之下的領悟空性（直觀）」，這時正式踏上旅程了。

第四句「波羅僧揭諦」是說明進入甚深禪定的路徑，達賴說「在此路上透由不停地修行，達到甚深熟悉空性的狀態」，如此已是進入深度的旅程。

第五句「菩提薩婆訶」是鼓勵「堅定地將自己安住在覺悟之地，進入最後

藏文版的《心經》咒語只有三種層級

達賴喇嘛十四世對《心經》咒語有以下的說明：

故知般若波羅蜜多

maha-mantro 大神咒	藏文版無此句
maha-vidya-mantro 大明咒 mantra of great knowledge	般若波羅蜜多是完美的智慧，被稱為大明咒。這是因為徹底了解其意義，能消除貪、瞋、癡三毒。
nuttara-mantro 無上咒 unexcelled mantra	沒有比般若波羅蜜多這個完美智慧，更能協助眾生從生死輪迴與獨覺乘的自覺涅槃中獲得解脫。
samasama-mantrah 無等等咒 the mantra equal to the unequalled	佛陀的覺悟狀態是無法與之等同的。但是如果能夠最深刻地了解般若波羅蜜多，可以達到與之相同的狀態。

追根究柢

11

達賴喇嘛怎麼看《心經》咒語？

的涅槃境界（final nirvana）」，也就是說即使到達旅行的目的地，仍須努力讓自己的心安住不退轉，才能獲得最後的究竟涅槃。

◎ 咒語和前面經文的呼應關係

達賴喇嘛的解釋非常精彩，他更進一步將五句咒語的密義成佛旅程五階段，完整呼應《心經》全文：

第一階段——即第一句「揭諦」：是累積資糧（accumulation），鼓勵累積資源。

第二階段——即第二句「揭諦」：是心的準備（preparation），鼓勵觀照空性的心情準備。這兩個階段的修行可對應於經文：「色不異空，空不異色；色即是空，空即是色；受、想、行、識，亦復如是」的認識。

第三階段——即第三句「波羅揭諦」：是直觀（seeing），以直觀的方式領悟空性，對應於經文：「是諸法空相，不生、不滅；不垢、不淨；不增、不減；是故空中無色，無受、想、行、識；無眼、耳、鼻、舌、身、意；無色、聲、香、味、觸、法；無眼界，乃至無意識界。」

第四階段——即第四句「波羅僧揭諦」：是禪定（meditation），透過不停地禪修達到熟悉甚深空性的狀態，對應於「無無明，亦無無明盡，乃至無老死，亦無老死盡；無苦、集、滅、道；無智亦無得。」

第五階段——即第五句「菩提薩婆訶」：是安住（no more learning），鼓勵將自己安住在覺悟之地，進入(最後)的涅槃境界，對應於經文：「以無所得故，菩提薩埵，依般若波羅蜜多故，心無罣礙，無罣礙故，無有恐怖，遠離顛倒夢想・究竟涅槃。三世諸佛，依般若波羅蜜多故，得阿耨多羅三藐三菩提。」

一個修行者的成佛旅程

達賴喇嘛對《心經》裡五句咒語的密義解釋，就宛如一個修行者的成佛旅行紀錄：

旅行紀錄	咒語	達賴喇嘛的解釋 （成佛的五個階段）
1 準備盤纏 accumulation	**gate** 揭諦！去吧！	鼓勵前往累積資源的道路
2 心的準備 preparation	**gate** 揭諦！去吧！	鼓勵前去甚深觀見空性之路的 心情準備
3 直觀 seeing	**paragate** 波羅揭諦！ 向彼岸去吧！	走在觀見真理的道路上 以直觀的方式領悟空性
4 禪定 meditation	**parasamgate** 波羅僧揭諦！ 一起向彼岸去吧！	走在禪定的道路上 透由不停地修行 達到甚深熟悉空性的狀態
5 安住 no more learning	**bodhi svaha** 菩提 薩婆訶 結尾語	堅定地將自己安住在覺悟之地 進入最後的涅槃境界

追根究柢

11

《大般若經》的四處十六會分別在哪裡舉行？

12

日本的空海大師怎麼看《心經》？

日本佛教高僧空海認為《心經》是密教的經典，並從密教立場來論述《心經》之大意、經題、翻譯之異同。而他對《心經》咒語的獨到看法則記錄在〈般若心經秘鍵〉中。

◎ 日本真言宗創始人

日本佛教高僧空海（774-835），史稱弘法大師，是日本佛教真言宗（又稱東密）開山祖師，也是佛教唯心主義哲學家。空海為了解決密教經典種種疑難問題，曾於804年以一個留學僧的身份來到中國長安（今西安），是當時長安赫赫有名的密教高僧惠果的得意門生。惠果人稱「三朝國師」，受到唐代宗、德宗和順宗三位皇帝重用禮遇，**空海在其門下竟能以短短三個月的時間，奇蹟似地習得所有密教典籍課程，並成為正統密宗第八祖**。兩年後，空海回到日本，在高雄山寺開創具有自己特點的日本真言宗，後來在高野山建佛寺。823年，得天皇欽賜京都的東寺作為鎮護國家的真言道場，「東密」的名稱即由此而來。

◎ 以真言密教來詮釋心經

空海曾以真言密教之立場註釋《心經》，並斷定它是密教之經典，他從密教立場來論述本經之大意、經題、翻譯之異同，此見於其所著《十卷章》中的〈般若心經秘鍵〉。空海對《心經》咒語有其獨到的看法，他認為般若波羅蜜多「是大神咒」，這句讚頌是代表聲聞乘的咒語，所以唸誦般若波羅蜜多，即可超越體悟四聖諦的層面。般若波羅蜜多「是大明咒」，是對應緣覺乘的咒語，也就是超越十二因緣的體悟。而般若波羅蜜多「是無上咒」，則說明它是大乘的咒語。至於最後的般若波羅蜜多「是無等等咒」，則來到密乘的層面。總之，**這個般若波羅蜜多咒適合於聲聞乘、緣覺乘，乃至於大乘與密乘，力量廣大能除一切苦，真實不虛**。

空海的〈般若心經秘鍵〉

空海對咒語的見解

空海是日本真言宗的創始人,他曾以真言密教的立場提出《心經》咒語的獨到見解,記載在他的著作〈般若心經秘鍵〉中:

maha-mantro 大神咒	**聲聞乘的真言** 聞佛音聲和修四諦法門而悟道的人
maha-vidya-mantro 大明咒	**緣覺乘的真言** 獨立依十二因緣而起的悟道者
nuttara-mantro 無上咒	**大乘的真言** 追求慈悲與智慧結合者
samasama-mantrah 無等等咒	**密乘的真言** 直接成佛的完美境界

空海的〈般若心經秘鍵〉

〈般若心經秘鍵〉見於日本弘法大師(即空海)所著的《十卷章》之中。《十卷章》又曰《十卷疏》。內容如下:

卷名	卷數
秘藏寶鑰	三卷
顯密二教論	二卷
即身成佛義	一卷
聲字實相義	一卷
吽字義	一卷
般若心經秘鍵	一卷
龍猛菩薩之菩提心論	一卷
總計	十卷

空海對《心經》的獨特見解就是記載在這一卷裡。

追根究柢

12 日本的空海大師怎麼看《心經》?

209

保坂玉泉的《心經》組織分析圖

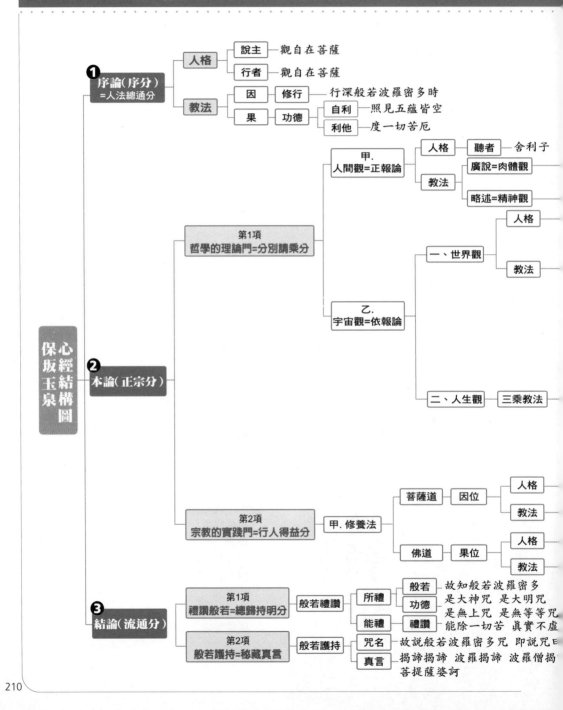

保坂玉泉 心經結構圖

❶ 序論（序分）＝人法總通分
- 人格
  - 說主 ── 觀自在菩薩
  - 行者 ── 觀自在菩薩
- 教法
  - 因 ── 修行 ── 行深般若波羅密多時
  - 果 ── 功德
    - 自利 ── 照見五蘊皆空
    - 利他 ── 度一切苦厄

❷ 本論（正宗分）
- 第1項 哲學的理論門＝分別請乘分
  - 甲．人間觀＝正報論
    - 人格 ── 聽者 ── 舍利子
    - 教法
      - 廣說＝肉體觀
      - 略述＝精神觀
  - 乙．宇宙觀＝依報論
    - 一、世界觀
      - 人格
      - 教法
    - 二、人生觀 ── 三乘教法
- 第2項 宗教的實踐門＝行人得益分
  - 甲．修養法
    - 菩薩道 ── 因位
      - 人格
      - 教法
    - 佛道 ── 果位
      - 人格
      - 教法

❸ 結論（流通分）
- 第1項 禮讚般若＝總歸持明分
  - 般若禮讚
    - 所禮
      - 般若
      - 功德 ── 故知般若波羅密多 是大神咒 是大明咒 是無上咒 是無等等咒
    - 能禮 ── 禮讚 ── 能除一切苦 真實不虛
- 第2項 般若護持＝祕藏真言
  - 般若護持
    - 咒名 ── 故說般若波羅密多咒 即說咒曰
    - 真言 ── 揭諦揭諦 波羅揭諦 波羅僧揭諦 菩提薩婆訶

保坂玉泉(1887~1964)是明治、大正、昭和期的曹洞宗僧侶與佛教學者。曹洞宗是日本佛教禪宗最大的支派，主張坐禪以證覺悟。此宗於九世紀由僧人良價和本寂創立於中國，中心寺院在曹山與洞山，故名。這份組織分析圖是保坂玉泉分析空海的〈般若心經秘鍵〉所製成的，廣為近代佛教般若思想的學者引用，包括東初老人的著作《心經思想史》。

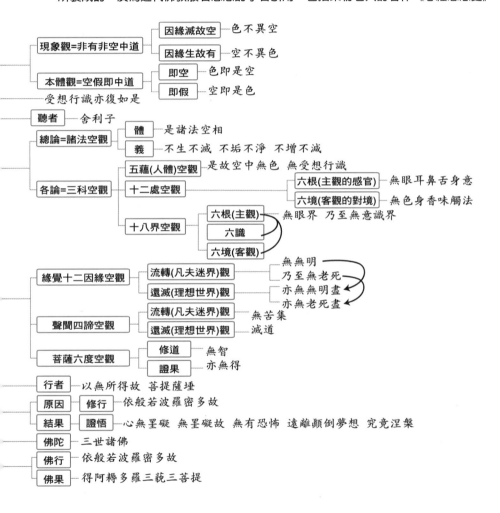

13

東初老人為什麼認為《心經》是密教經典？

認為《心經》是密教經典的，不只是日本密教高僧空海一人，近代中國的東初老人也提出了他的看法。他提出兩個論點基礎：第一是般若思想的說法者的演變過程，第二是《心經》經文最後增添了咒語，兩者讓《心經》密教化。

歷代有諸多《心經》研究，而近代東初老人的《心經》研究也頗值得參究。東初老人一生致力於佛教史學之研究，《心經思想史》是重要著作之一，內容主要是透過《大般若經》龐大資料的細膩分析，完整呈現般若思想的發展過程，並由此進一步推斷《心經》與密教有緊密關係。其推論過程：

1. 參覽典籍，全面而仔細地比對《心經》和般若思想。

2. 發現般若思想的說法者不斷在更換角色，最早是須菩提、舍利弗，再來是文殊菩薩，最後是觀自在菩薩。

3. 密教家在經文最後加上了咒語，讓《心經》成為不折不扣的密教經典。

◎ 東初老人分析《心經》所參覽的典籍

東初老人自 1950 年起深入《大般若經》的分析與研究，他發現《心經》並不被列入第七世紀玄奘所譯的《大般若經》的 600 卷之內，後幾經蒐尋，在第五世紀鳩摩羅什的《大品般若》找到了《心經》每一句經的可能來處。他又參覽唐代窺基大師的《心經幽贊》，窺基是玄奘大師得意學生，與玄奘同為中國「唯識宗」的創始者，曾留下很多重要的佛學著作。此外，在撰寫般若思想的閉關期間，東初老人還分析唐代慧淨、靖邁的《心經疏》，其中慧淨所著的是一卷發現在敦煌的重要註疏。最後，他在著作《心經思想史》中列入了近代日本學者保坂玉泉引用空海大師〈般若心經秘鍵〉所完成的《心經》組織分析圖。

◎ 提出般若思想說法者的演變過程

東初老人對《心經》和般若思想全面而仔細的比對研究下，發現了一個有趣的演變：600 卷《大般若經》中，作為般若思想代言人(說法者)的角色，

東初老人的《心經》研究

東初老人是法鼓山聖嚴法師的老師，一生致力於佛教史學研究，特別挹注心力於《大般若經》的研究分析，寫下了《心經思想史》這部現代重要佛學著作。

東初老人分析《心經》所參覽的典籍：	
唐代	玄奘大師領導編譯的 600 卷《大般若經》
唐代	窺基大師的《心經幽贊》
唐代	慧淨的《心經疏》
唐代	靖邁的《心經疏》
近代	日本佛教學者保坂玉泉引用空海大師〈般若心經秘鍵〉所做的《心經》組織分析圖

曾經歷數次換角，他們分別是須菩提、舍利弗、文殊菩薩、釋迦牟尼佛，最後是觀自在菩薩。東初老人的分析是這樣的：

第一，《小品般若》的說法者：須菩提

《小品般若》是般若經之中較早的經，這時以解空第一的須菩提為空性的說法者，他代表原始的禪學派思想，以破壞與分析空的思想為中心，但是未能積極開顯般若的真空。由於須菩提的空不夠完善，接著才會發展出以舍利弗為說法者的《大品般若》。須菩提屬聲聞乘眾，以其為中心的空性思想仍含有小乘色彩。

第二，《大品般若》的說法者之一：舍利弗

《大品般若》的說法者是智慧第一的舍利弗，他代表後來興起的智慧派。這是因為須菩提的空不究竟，不具體，至多只能分析破壞諸法的現象，實質上並無法達到認識諸法本體的真空，所以才會改由舍利弗來宣說般若思想。舍利弗的空跟須菩提的空有何差異呢？舍利弗的空是相對的智慧，偏於真偽善惡、長短大小的比較，能達到判斷相對的因果律。由於他和須菩提同屬聲聞乘眾，所以舍利弗的空性思想仍含有小乘色彩。

第三，《大品般若》的說法者之二：文殊菩薩

東初老人分析另一位《大品般若》的說法者，是智慧化身的文殊菩薩，他與須菩提、舍利弗不同的是，並不是歷史上真實存在過的人物。他以絕對平等智宣說本體空觀的般若，這種智慧是直觀現前，也就是宇宙本體如實相的顯現。

文殊菩薩之所以成為說法者是因為舍利佛的空仍然不夠究竟。舍利弗所代表的是差別的相對智慧，屬於分析物理界或現象界事物的智慧，不是超經驗界或本體界的智慧。因此，無論是須菩提或是舍利弗，都沒有足夠的條件來說明廣大無邊甚深的般若思想，於是《大品般若》持續發展改為以文殊菩薩的絕對平等性智說法，透由直觀的智慧來超越舍利弗差別相對的智

般若思想說法者的演變

小品般若 相當於第四會	① 須菩提	**破壞與分析空的思想為主** 缺點：未能積極開顯般若的真空。

	② 舍利弗	**相對的智慧** 缺點：偏於真偽善惡、長短大小的比較，僅能達到判斷相對的因果律。

小乘

大品般若 相當於第二會	③ 文殊菩薩	**絕對平等智** **宣說本體空觀的般若** 直觀現前，即是宇宙本體如實相的顯現。

	④ 釋迦牟尼

大乘

心經 未列入 《大般若經》之內	⑤ 觀自在菩薩	**由《大品般若》而來的** **般若思想** 不但《大品般若》內的「菩薩摩訶薩」改成「觀自在菩薩」，說法者也由「釋迦牟尼佛」改成「觀自在菩薩」。

在密教興起的影響下，觀自在菩薩的地位大為提升。《心經》的最後加上咒語，在龐大般若經典中是少有的！

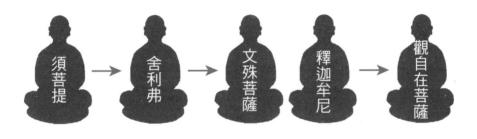

須菩提 → 舍利弗 → 文殊菩薩 → 釋迦牟尼 → 觀自在菩薩

慧。由《小品般若》到《大品般若》，講說空性的說法主由須菩提、舍利弗一直到文殊菩薩，其變化與發展說明了小乘般若前進到大乘般若的不同階段。

第四，《大品般若》的說法者之三：釋迦牟尼佛

釋迦牟尼佛是佛教的創始者，這位歷史上偉大的智者證悟了生命的真相，成就了正覺。在他真實的一生之中，到處說法，組織僧團，直至圓寂為止，自然《大品般若》的說法者一定有他，而且重要。

第五，《心經》的說法者：觀自在菩薩

東初老人進一步分析《心經》是出於《大品般若》，這時正值大乘轉型期，也就是密教即將興盛時期的般若思想，這時般若思想的說法者改由當時備受崇拜的觀自在菩薩來擔綱。

觀自在菩薩在當時的印度是神蹟靈驗的大菩薩，被佛教各宗派所崇拜，其中最為尊崇的是大乘密教。在這時期，許多經典也時常以觀自在菩薩為說法主，並不僅僅止於《心經》。例如在《大品般若》的經典中，原本是「菩薩摩訶薩」的地方被改成「觀自在菩薩」，但內容思想與原經相同維持不變；此外，也有將說法者由「釋迦牟尼佛」改成「觀自在菩薩」的情形。

◎ 添加咒語讓《心經》密教化

除此之外，另一個更重要的改變是《心經》的流通分添增了密教胎藏界持明院般若菩薩的咒語，**這在般若思想的經典是非常罕見的情形。觀自在菩薩地位的提升與咒語添增這兩項特質**，讓東初老人深信《心經》是般若思想的密教化。東初老人在《心經思想史》這樣寫著：「《心經》，除去此咒語真言，完全為經的體裁。即『三世諸佛，依般若波羅蜜多故，得阿耨多羅三藐三菩提』，這是完全結束經文的文句。因為密教家想把此部當為自己的經典，所以把般若密教化，附上密咒真言，同時奉請觀自在菩薩為其說法主，才完成現今《心經》組織的型態。」

《心經》密教化的證據

東初老人支持《心經》是般若思想密教化的三個理由：

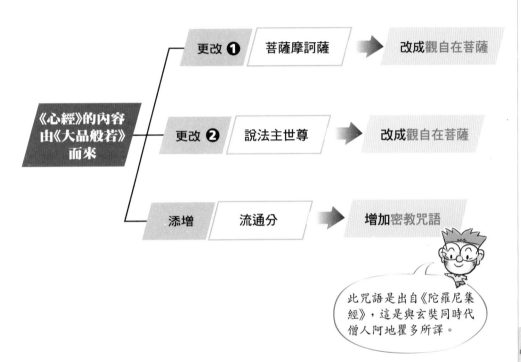

《心經》的內容由《大品般若》而來

更改 ❶ 菩薩摩訶薩 ➡ 改成觀自在菩薩

更改 ❷ 說法主世尊 ➡ 改成觀自在菩薩

添增 流通分 ➡ 增加密教咒語

此咒語是出自《陀羅尼集經》，這是與玄奘同時代僧人阿地瞿多所譯。

東初老人簡介

東初老人（1907-1977）是江蘇泰縣人，俗姓范，曾親近太虛大師。1949年抵台，同年在北投法藏寺創辦《人生雜誌》，六年後興建中華佛教文化館。東初老人一生致力於佛教史學之研究，其重要著作之一是《心經思想史》，文章內容來自於《大般若經》的龐大資料，經過他細膩的分析，完整呈現般若思想的發展過程，他也推斷出《心經》與密教的緊密關係。東初老人最後為世人留下《中印佛教交通史》、《中日佛教交通史》、《中國佛教近代史》等代表著作。而台灣著名的法鼓山團體便是由東初老人創建的「農禪寺」與「中華佛教文化館」發展而來的。

東初老人比對分析《心經》經文的出處

東初老人提出《心經》可能是出自鳩摩羅什的《大品般若》或玄奘的《大般若經》。他透由詳細比對經文，找出了經文原型的出處。以下的兩個表格便是東初老人比對經文的結果。第一個表是第五世紀鳩摩羅什的《大品般若》比對《心經》，第二個表則是第七世紀玄奘的《大般若經》比對《心經》，可看出其間相近的程度。

鳩摩羅什《大品般若》比對玄奘《心經》

比較的重點	第五世紀鳩摩羅什的《大品般若》
主文般若思想	《大品般若》習應品第三之一 舍利弗，色不異空，空不異色，色即是空，空即是色，受想行識亦如是。舍利弗，是諸法空相，不生不滅，不垢不淨，不增不減，**是空法非過去，非未來，非現在**，是故空中無色無受想行識，無眼耳鼻舌身意，無色聲香味觸法，無眼界乃至無意識界。亦無無明，亦無無明盡，乃至亦無老死，亦無老死盡。無苦集滅道。亦無智亦無得。
	《大品般若》勸持品第三十四 復次憍尸迦，若有善男子善女人若諸天子天女，聞是般若波羅蜜經耳，是功德故漸當得阿耨多羅三藐三菩提。何以故？憍尸迦，過去諸佛及弟子皆學是般若波羅蜜，得阿耨多羅三藐三菩提入無餘涅槃。憍尸迦，未來世諸佛今現在十方諸佛及弟子，皆學是般若波羅蜜得阿耨多羅三藐三菩提入無餘涅槃。何以故？憍尸迦，是般若波羅蜜攝一切善法，若聲聞法若辟支佛法，若菩薩法若佛法。
流通禮讚文	《大品般若》勸持品第三十四 釋提桓因白佛言：世尊，般若波羅蜜是大明咒、無上明咒、無等等明咒，何以故？世尊，是般若波羅蜜能除一切不善，能與一切善法。佛語釋提桓因言：如是如是。憍尸迦般若波羅蜜是大明咒、無上明咒、無等等明咒，何以故？憍尸迦，過去諸佛因是明咒，故得阿耨多羅三藐三菩提。未來世諸佛今現在十方諸佛，亦因是明咒得阿耨多羅三藐三菩提。
流通咒語護持	《陀羅尼集經》般若大心陀羅尼第十六 咒曰 跢姪他(一)揭帝揭帝(二)波羅揭帝(三)波囉僧揭帝(四)菩提(五)莎訶(六)

玄奘譯本沒有這句話呢！

218

七世紀玄奘的《心經》	比較結果
	相似度：95%
舍利子，色不異空，空不異色，色即是空，空即是色，受想行識亦復如是。舍利子，是諸法空相，不生不滅，不垢不淨，不增不減。是故空中無色，無受想行識，無眼耳鼻舌身意，無色聲香味觸法 無眼界乃至無意識界。無無明，亦無無明盡，乃至無老死，亦無老死盡，無苦集滅道，無智亦無得。	《大品般若》習應品第三之一說法者是佛陀，聽法者是舍利弗。除此之外，內容與《心經》玄奘譯版的正宗分是極為相近。兩者的差異只在習應品多出「是空法非過去，非未來，非現在」，其他部分，一字不差。合理的推測，玄奘可能是參考第五世紀鳩摩羅什所譯《大品般若》。
	相似度：80%
以無所得故，菩提薩埵依般若波羅蜜多故，心無罣礙，無罣礙故，無有恐怖，遠離顛倒夢想，究竟涅槃。三世諸佛，依般若波羅蜜多故，得阿耨多羅三藐三菩提。	❶《心經》的「究竟涅槃」在〈勸持品〉是「無餘涅槃」。 ❷「三世諸佛」是「過去、當來、現在」諸佛。
故知般若波羅蜜多，是大神咒，是大明咒，是無上咒，是無等等咒，能除一切苦，真實不虛。	請特別注意這裡的對話者是佛陀與帝釋天（或稱憍尸迦、釋提桓因）。
故說般若波羅蜜多咒・即說咒曰・揭諦・揭諦・波羅揭諦・波羅僧揭諦・菩提薩婆訶	鳩摩羅什譯出《大品般若》並未提及咒語真言的唸誦，而是放在《陀羅尼集經》。此經共十二卷，說明諸佛菩薩諸天的印咒。

玄奘《大般若經》比對玄奘《心經》

比較的重點	第七世紀玄奘的《大般若經》
主文般若思想	**《大般若經》第二分觀照品第三之二** 舍利子！色不異空，空不異色，色即是空，空即是色。受想行識不異空，空不異受想行識，受想行識即是空，空即是受想行識。舍利子！是諸法空相，不生不滅、不染不淨、不增不減。非過去、非未來、非現在。如是空中，無色受想行識，無眼處、無耳鼻舌身意處，無色處、無聲香味觸法處，無眼界、色界、眼識界，無耳界、聲界、耳識界，無鼻界、香界、鼻識界，無舌界、味界、舌識界，無身界、觸界、身識界，無意界、法界、意識界，無無明、亦無無明滅，乃至無老死愁歎苦憂惱、亦無老死愁歎苦憂惱滅，無苦聖諦、無集滅道聖諦，無得、無現觀，無預流、無預流果，無一來、無一來果，無不還、無不還果，無阿羅漢、無阿羅漢果，無獨覺、無獨覺菩提，無菩薩、無菩薩行，無正等覺、無正等覺菩提。 **《大般若經》第二分功德品第三十二** 「憍尸迦！若善男子、善女人等或諸天子及諸天女，甚深般若波羅蜜多一經其耳，善根力故，定當漸次證得無上正等菩提。何以故？憍尸迦！過去未來現在諸佛及諸弟子，一切皆學如是般若波羅蜜多，證得無上正等菩提，入無餘依般涅槃界。何以故？憍尸迦！如是般若波羅蜜多，普攝一切菩提分法，若諸佛法、若菩薩法、若獨覺法、若聲聞法皆具攝故。」
流通禮讚文	**《大般若經》第二分功德品第三十二** 爾時，天帝釋白佛言：「世尊！如是般若波羅蜜多是大神咒，是大明咒，是無上咒，是無等等咒，是一切咒王，最尊最勝、最上最妙，能伏一切，不為一切之所降伏。何以故？世尊！如是般若波羅蜜多能除一切惡不善法，能攝一切殊勝善法。」
流通咒語護持	**《陀羅尼集經》般若大心陀羅尼第十六** 咒曰 跢姪他(一)揭帝揭帝(二)波羅揭帝(三)波囉僧揭帝(四)菩提(五)莎訶(六)

從東初老人所做的經文比對，我們得到一個結論：
1. 主文般若思想：無論是《大品般若》或《大般若經》，都是佛陀與舍利弗的對話。
2. 流通禮讚文：無論是《大品般若》或《大般若經》，都是佛陀與帝釋天的對話。
3. 流通咒語護持：是持明院般若菩薩的咒語。

七世紀玄奘的《心經》	比較的結果
	相似度：99%
舍利子，色不異空，空不異色，色即是空，空即是色，受想行識亦復如是。舍利子，是諸法空相，不生不滅，不垢不淨，不增不減。是故空中無色，無受想行識，無眼耳鼻舌身意，無色聲香味觸法 無眼界乃至無意識界。無無明，亦無無明盡，乃至無老死，亦無老死盡，無苦集滅道，無智亦無得。	❶玄奘《大般若經》第二分觀照品的說法者是釋迦牟尼佛，聽法是舍利子。而《心經》玄奘譯版的說法者是觀自在菩薩，這是主要的差異。 ❷《心經》於正宗分談論人類觀的五蘊皆空，直到宇宙觀的空性概念，在《大般若經》第二分觀照品第三之二可以找到乎完全相同的概念。
	相似度 85%
以無所得故，菩提薩埵依般若波羅蜜多故，心無罣礙，無罣礙故，無有恐怖，遠離顛倒夢想，究竟涅槃。三世諸佛，依般若波羅蜜多故，得阿耨多羅三藐三菩提。	❶〈功德品〉是說明唸誦般若波羅蜜多可以獲得的功德。主要人物之一憍尸迦（Kausika，是帝釋的姓），即是代表帝釋天。這裡透由帝釋天與與佛陀的對話，說出般若波羅蜜多能除一切苦。 ❷「究竟涅槃」則可以對照《功德品》的「無餘依般涅槃界」。
	相似度 90%
故知般若波羅蜜，是大明咒，無上明咒，無等等明咒，能除一切苦，真實不虛。	在說明般若波羅蜜多咒的偉大力量，兩者幾乎完全相同。唯獨《心經》「能除一切苦，真實不虛」的部分〈功德品〉是說「能伏一切，不為一切之所降伏」。
故說般若波羅蜜多咒。即說咒曰：揭諦．揭諦．波羅揭諦．波羅僧揭諦．菩提薩婆訶	玄奘所譯的《大般若經》並未提及咒語真言的唸誦，這個咒語是放在《陀羅尼集經》般若大心陀羅尼第十六。此經共十二卷，說明諸佛菩薩諸天的印咒。

追根究柢

13

東初老人為什麼認為《心經》是密教經典？

14

第一部《心經》英譯本何時出現？由何人所譯？

穆勒是首位將梵文的廣本、略本《心經》譯成英文的學者，從此西方世界得以了解這部重要的佛教經典。研究《心經》，穆勒版本是不可遺漏的。

從十九世紀起，歐美學者開始研究佛教，西元1884年，德裔英國東方學家麥克斯・穆勒（Friedrich Max Muller, 1823-1900）首度將梵本《心經》以天城體與羅馬拼音版本呈現給歐美世界，成為第一位將梵文的廣本、略本《心經》譯成英文的學者。當時英文佛學用詞尚未固定，以現代的標準來看，有些尚待修正，但並無損於穆勒對《心經》研究的歷史貢獻。

◎ 東方宗教學家和語言學家

穆勒是德國出生的東方學家與語言學家，起初攻讀梵文，後來研究比較語言學。1845年開始研究《阿維斯陀》（即Avesta，就是古代的波斯經典），亦曾編校印度最早的讚歌集《梨俱吠陀》。穆勒無疑是近代西方重要的宗教學家，擅長佛學，在巴黎大學隨東方學家布爾諾夫（Eugene Burnouf）研究梵文與佛學。他後來定居於英國，擔任牛津大學教授，從事印度宗教與哲學等研究工作，並大量進行校勘、翻譯與出版佛典。穆勒對印度宗教、神話、哲學、語言等也都有比較廣博、深湛的研究。**他可說是十九世紀興起的比較語言學、比較宗教學與比較神話學的創建人之一。** 1857年後，穆勒為「巴利聖典協會」主編《東方聖典叢書》（Sacred Books of the East Series），使佛教的學術價值與哲學意義備受重視。

◎ 與日本佛學界合作翻譯佛典

在翻譯佛教典籍工作上，穆勒與日本學者的淵源甚深。在日本學者南條文雄（1849-1927，日本佛教淨土真宗大穀派僧人）與竺原研壽等協助下，穆勒校勘、翻譯與出版了《佛說阿彌陀經》、《金剛經》等多部經典。而南條文雄與高楠順次郎（1866-1945，**日本著名佛教學者與教育學者，最大的成就為刊印《大正藏》100卷**），都出自於穆勒的門下。

穆勒對《心經》的貢獻

穆勒翻譯的英文《心經》是直接由梵文版翻譯的。也是第一個採用天城體與羅馬拼音對照的方式。

अथ प्रज्ञापारमिताहृदयंसुत्रं

Atha prajñā pāramitā hṛdaya sūtraṃ

न्मस् सर्वज्ञाय

Namaḥ sarvajñāya

आर्यावलोकितेश्वरो बोधिसत्त्वो गंभीरायां प्रज्ञापारमितायां चर्यां चरमाणो

Āryāvalokiteśvaro-Bodhisattvo gambhīrāyaṃ prajñā-pāramitāyaṃ caryāṃ caramāṇo

व्यवलोकयतिस्म ।

Vyavalokayati sma

पञ्च स्कन्धास्तांश्च स्वभाव शून्यान्पश्यति स्म

pañca skandhās tāṃś ca svabhāva śūnyān paśyati   sma

इह शारिपुत्र रूपं शून्यता शून्यतैव रूपन्नरूपान्न पृथक्शून्यता शून्यताया न पृथग्रूपं

Iha Śāriputra rūpaṃ śūnyatā śūnyataiva rūpaṃrūpān na pṛuthak śūnyatā
śūnyatāyā na pṛuthagrūpaṃ

यद्रूपं सा शून्यता या शून्यता तद्रूपमेवमेव वेदनासंज्ञासंस्कारविज्ञानानि

yadrūpaṃ sā śūnyatā yā śūnyatā tadrupam
Evam eva vedanā saṃjñā saṃskāra vijñānāni.

इह शारिपुत्र सर्वधर्माः शून्यतालक्षणा अनुत्पन्ना अनिरुद्धा

Iha Śāriputra   sarva dharmāḥ śūnyatā lakṣaṇā anutpannā aniruddhā

अमलाविमला नोना न परिपूर्णाः

amalāvimalā nonā na paripūrṇāḥ

以現代的標準來看，當時所用的英文佛學用詞雖有待修正，但無損於穆勒對《心經》研究的貢獻。

天城體

印度的天城體文字是婆羅米文字的後代，最早用於書寫梵語。梵語本身雖然今天已經消失，但梵文仍靠著宗教的力量保存至今。現在天城體文字用於書寫印度的官方語印地語（Hindi）以及 Marathi 語等語言，是北印度的主要文字之一。

穆勒翻譯的佛典

穆勒與日本學者的淵源甚深，他在日本學者南條文雄和竺原研壽等協助下校勘、翻譯和出版了幾個重要的佛教文獻，包括了：

1. 《阿彌陀經》（梵文 1881，英譯 1894）
2. 《無量壽經》（梵文 1883，英譯 1894）
3. 《金剛經》（梵文 1881，英譯 1894）
4. 《心經》（梵文 1884，英譯 1894）
5. 《佛頂尊勝陀羅尼經》（1884）
6. 《法集經》（1884）

穆勒譯本和玄奘譯本的比較

穆勒的英譯本	（中文直譯）
When Bodhisattva Avalokitesvara practices the profound Prajna-paramita, he intuitively realizes that the five aggregates（skandhas）are of Sunyata nature thus securing his deliverance from all distress and sufferings.	當觀自在菩薩進行般若波羅蜜多甚深的修行中，祂以直觀的方式體悟了五蘊皆空，也依此在一切苦難之中獲得解脫。
Sariputra! Form（rupa）does not differ from Sunyata, nor Sunyata from form. Form is identical with Sunyata（and）Sunyata is identical with form. So also are reception（vedana）, conception（sanjna）, mental conduct（samskara）and consciousness（vijnana）in relation to Sunyata.	舍利子！色不異空，空不異色；色與空完全相同，空與色也完全相同；受、想、行、識，都是如此。
Sariputra, the Sunyata nature of all things **is neither created nor annihilated;** neither impure nor pure; and neither increasing nor decreasing.	舍利子！一切事物的空性本質**不被創造也不被消滅**，不是不純淨也不是純淨，不增加，也不減少。
Therefore, in Sunyata, there is neither form（rupa）, reception（vedana）, conception（sanjna）, mental conduct（samskara）, nor consciousness（vijnana）; there is neither eye, ear, nose, tongue, body nor mind; there is neither form, sound, odor, flavor, feeling nor **idea**; there are no such things as **the eighteen realms of sense**（dhatus）from the realm of sight up to that of the faculty of mind（vijnana）.	因此，在空性之中沒有色、受、想、行，也沒有識（consciousness），也沒有眼、耳、鼻、身，也沒有意（mind）。沒有色、聲、香、味、觸、也沒有**法**（idea）。沒有眼界到意識界等**十八界**的感受。
There are no such things as **the twelve links in the chain of existence**（nidanas）from ignorance（avidya）with also the end of ignorance up to old age and death（jaramarana）with also the end of old age and death; there are no（such things as）**the four noble truths** and there is neither Wisdom nor obtainment.	沒有**十二因緣**的存在，所以沒有無明（avidya），亦沒有無明盡。乃至於沒有老死（jaramarana），也沒有老死盡。沒有**四諦**，也沒有智慧，亦沒有獲得。
Because of no obtainment, Bodhisattvas who rely on Prajna-paramita, have no hindrance in their minds, and since they have no hindrance, they have no fear, are free from perversive and delusive ideas and attain the Ultimate Nirvana.	因為無所得的緣故，依般若波羅蜜多的菩提薩埵們，在他們的心中沒有任何障礙，因為沒有障礙，所以沒有恐懼，沒有顛倒迷惑的念頭，並且獲得究竟涅槃。
All Buddhas of the past, present and future attain the Full Enlightenment（anuttara-samyak-sambodhi）by relying on Prajna-paramita.	過去、現在與未來的所有諸佛，依據般若波羅蜜多得圓滿智慧（阿耨多羅三藐三菩提）。
So we know that Prajna-paramita is the great supernatural Mantra, the great bright, unsurpassed and unequalled Mantra which can truly and without fail wipe out all sufferings.	所以我們知道般若波羅蜜多是大神咒，是大明咒，是無上咒，是無等等咒，能真實而且不失敗去除所有一切的痛苦。
Therefore, **He** uttered the Prajna-paramita mantra which reads: Gate, Gate, Paragate, Parasamgate Bodhi Svaha!	因此，**祂**發聲唸誦般若波羅蜜多咒：揭諦揭諦，波羅揭諦，波羅僧揭諦，菩提薩婆訶！

玄奘漢譯本	比較結果
觀自在菩薩，行深般若波羅蜜多時，照見五蘊皆空，度一切苦厄。	與玄奘譯本的相似度 95%。
舍利子！色不異空，空不異色；色即是空，空即是色；受、想、行、識，亦復如是。	與玄奘譯本的相似度 100%。
舍利子！是諸法空相，不生不滅，不垢不淨，不增不減。	與玄奘譯本的相似度 95%。 請注意，一切事物的空性本質是採「被動式」的描述方法，梵本正是如此。這點玄奘譯版並未表達出。
是故空中無色，無受、想、行、識，無眼、耳、鼻、色、身、意，無色、聲、香、味、觸、法，無眼界，乃至無意識界。	與玄奘譯本的相似度 95%。 穆勒譯出了「十八界」這個專有名詞。此外，佛教裡的「法」一字共有三種意思。這裡的「法」指的是「與文字語言相關的思想與概念」，穆勒譯成了 idea 是頗接近梵語原意的。另外兩種法的意思是「代表宇宙一切現象的法」、佛陀親證的法」，但不是《心經》在這裡的意思。
無無明，亦無無明盡，乃至無老死，亦無老死盡，無苦集滅道。無智亦無得。	與玄奘譯本的相似度 95%。 差異在於穆勒譯出「十二因緣」、「四諦」等專有名詞。
以無所得故，菩提薩埵依般若波羅蜜多故，心無罣礙，無罣礙故，無有恐怖，遠離顛倒夢想，究竟涅槃。	與玄奘譯本的相似度 100%。
三世諸佛，依般若波羅蜜多故，得阿耨多羅三藐三菩提。	與玄奘譯本的相似度 99%。
故知般若波羅蜜多，是大神咒，是大明咒，是無上咒，是無等等咒，能除一切苦，真實不虛。	與玄奘譯本的相似度 98%。
故說般若波羅蜜多咒，即說咒曰：揭諦揭諦，波羅揭諦，波羅僧揭諦，菩提薩婆訶。	與玄奘譯本的相似度 95%。 穆勒強調是觀自在（He）誦出般若波羅蜜多咒。

15 德國學者孔茲的《心經》英譯本為什麼那麼盛行？

孔茲是近代西方的般若學專家，他的《心經》英譯本精確度極高，幾乎被視為歐美《心經》的標準本，地位甚至等同於玄奘的漢譯本。

孔茲（Edward Conze，1904-1979）原籍德國，是當代最有名的佛學家。十三歲時開始接觸佛教，二十四歲時已通曉十四種語言，包括了梵文、巴利文、中文、藏文、蒙古文和日文。三十多歲正式投入佛教研究，時值第二世界大戰初期，當時他接觸到鈴木大拙的佛學著作，馬上就著迷了，並將後來的生命歲月全都奉獻給佛教。

◎ 近代「般若學」專家

孔茲在英國佛教界原先致力於研究巴利語系佛教，後來對北傳般若學產生興趣，開始深入研究，是英國佛學界開始轉向北傳大乘佛教的重要人物，更是近代研究般若經典最著名的西方學者。在長達二十年的譯經工作中，完成般若經的相關經典多達三十本，其中包括《金剛經》與《心經》。

《心經》雖被譯成多國語言，但無論是任何語言翻譯，在翻譯過程中，似乎是很難避免語意的流失，畢竟很難有兩個語言能表現完全相同的意境。那麼孔茲的《心經》為什麼值得閱讀呢？**孔茲譯本的最大特點是用語精準，並能完整呈現梵文《心經》裡的過去進行式、被動式等時態表達。這些時態對於解析《心經》原意是很大的關鍵**，可惜在玄奘或鳩摩羅什的中譯本裡並未表達出來。因此，仔細閱讀孔茲的譯本，留意時態的表現，有助於深入了解《心經》文句的原始相貌。

◎ 學問和修行兼備的佛學翻譯家

孔茲不僅是優秀佛教學者，他也實踐修行，特別是禪定冥想。雖然有人認為，研究佛教思想不該涉入個人的宗教體驗，但孔茲如此解釋：「把佛學陳述作為一個可理解的、可能被信賴的、正確的系統的同時，本人從來沒忘記佛學真正的目的，是為了使我們能從這世間獲得解脫因而建構的一種修行上的方便。」孔茲把研究作為修行，在研究佛法的當下，盡己所能去實踐佛法，甚至體悟真實。

孔茲英文譯經的獨到之處

❶ 孔茲是近代西方重量級的般若學者
❷ 精通梵文、巴利文、藏文、中文等十四種語言
❸ 同時精通大乘經典與小乘經典
❹ 他所譯出的般若相關經典多達三十本，《心經》、《金剛經》都在其中。
❺ 強調禪修實踐與佛學研究同樣重要，是一位具有實修體驗的學者。

孔茲的《心經》譯本，幾乎成為西方社會的閱讀定本，他譯經的最大特點是用語精準，能忠實呈現梵語原義的精神。閱讀他的《心經》譯本，我們可以歸納出孔茲從事梵英譯經所注意到的四個關鍵：

1. 主動與被動語態
2. 主體與客體的關係
3. 進行式與完成式時態
4. 單數或複數的名詞，甚至集合名詞的表達

知道了孔茲的四點特色，閱讀下一頁的經文翻譯，就能很快掌握到《心經》的重點了。

孔茲譯本和玄奘譯本的比較

編號	孔茲譯本（梵文羅馬拼音）	（梵文英譯）
1	Om namo **Bhagavatyai** Arya-Prajnaparamitayai!	Homage to the Perfection of Wisdom, **the Lovely, the Holy!**
2	Arya-Avalokitesvaro bodhisattvo gambhiram prajnaparamitacaryam caramano.	Avalokita, The Holy Lord and Bodhisattva, **was moving in the deep course of the Wisdom** which has gone beyond.
3	vyavalokayati sma: panca-skandhas tams ca svabhavasunyan pasyati sma.	He looked down from on high, He beheld but five heaps, and he **saw** that in **their own-being** they were empty.
4	Iha Sariputra rupam sunyata sunyataiva rupam,	Here, O Sariputra, form is emptiness and the **very** emptiness is form ;
5	rupan na prithak sunyata sunyataya na prithag rupam, yad rupam sa sunyata ya sunyata tad rupam; evam eva vedana-samjna-samskara-vijnanam.	emptiness does not differ from form, form does not differ from emptiness, whatever is emptiness, that is form, the same is true of feelings, perceptions, impulses, and consciousness.
6	Iha Sariputra sarva-dharmah sunyata laksana, anutpanna aniruddha, amala aviamala, anuna aparipurnah.	Here, O Sariputra all dharmas are marked with emptiness ;they **are not produced or stopped, not defiled or immaculate, not deficient or complete.**
7	Tasmac Chariputra sunyatayam na rupam na vedana na samjna na samskarah na vijnanam.	Therefore, O Sariputra in emptiness there is no form nor feeling, nor perception, nor impulse, nor consciousness.
8	Na caksuh-srotra-ghranajihva-kaya-manamsi. Na rupa-sabda-gandha-rasa-sprastavaya-dharmah. Na caksur-dhatur yavan na manovjnana-dhatuh.	No eye, ear, nose, tongue, body, mind; No forms, sounds, smells, tastes, touchables or **objects of mind**; No sight-organ element, and so forth, until we come to: No mind-consciousness element.

（中文直譯）	玄奘漢譯本	比較結果
嗡！為圓滿智慧、慈愛神聖的尊者獻上敬意！		the Lovely, the Holy!即是Bhagavatyai的梵文原意，一般翻譯成「世尊」，意指受世間敬重的人。
觀自在！這位神聖的尊者與菩薩，正在進入超越的智慧的甚深修行狀態之中。	觀自在菩薩，行深般若波羅蜜多時。	請注意 was moving in the deep course 是過去進行式。
祂由高處往下看，確切地觀照到**五蘊**，也觀照出**它們**的本性是空的。	照見五蘊皆空，**度一切苦厄**。	❶their own-being是意指「五蘊」。 ❷注意！梵文裡並沒有「度一切苦厄」這一句話。
舍利子！色即是空，**正是**此空是色。	舍利子！色不異空，空不異色	very 強調「正是」或「完全是」。
空不異於色，色不異於空。所有的空都是色；受、想、行、識也都是這樣。	色即是空，空即是色；受想行識，亦復如是。	
舍利子！一切的諸法都具備了空的特性。它們**沒有被生起，也沒被止滅；沒有被污染，也沒有不潔淨；沒有缺陷，也沒有完美(圓滿)。**	舍利子！是諸法空相，不生不滅，不垢不淨，不增不減。	❶ 請注意描述「諸法」都是採用「被動式」來描述。這點關鍵而重要的概念不容易在中文被注意到！ ❷「不增不減」譯為「沒有缺陷，也沒有完美」，這是梵文的原意。
因此，舍利子！在空性之中沒有色，同樣也沒有受、想、行、識。	是故空中無色，無受想行識。	·
沒有眼、耳、鼻、舌、身、意。沒有色、聲、香、味、或是**心念的對象**。沒有眼界，乃至於沒有意識界。	無眼耳鼻色身意，無色聲香味觸**法**，無眼界，乃至無意識界。	色、聲、香、味、觸、法的「法」於英文是objects of mind，清楚點出心的「對象」。有主體（mind）與對象（objects）的概念。孔茲翻譯得太好了！

追根究柢

15

德國學者孔茲的《心經》英譯本為什麼那麼盛行？

編號	孔茲譯本（梵文羅馬拼音）	（梵文英譯）
9	Na-avidya na-avidya-ksayo yavan na jara-maranam na jara-marana-ksayo. Na duhkha-samudaya-nirodha-marga. Na **jnanam**, na praptir na-apraptih.	There is no ignorance, no extinction of ignorance, and so forth, until we come to: there is no decay and death, no extinction of decay and death. There is no suffering, no origination, no stopping, no path. There is no **cognition**, no attainment and non-attainment.
10	Tasmac Chariputra apraptitvad bodhisattvasya prajnaparamitam asritya viharaty acittavaranah. Cittavarana-nastitvad atrastro viparyasa-atikranto nishtha-nirvana-praptah.	Therefore, Sariputra, it is because of his non-attainmentness that a Bodhisattva, through having relied on the Perfection of Wisdom, dwells without thought-coverings. In **the absence of thought-coverings** he has not been made to tremble, he has overcome what can upset, and in the end he attains to Nirvana.
11	Tryadhva-vyavasthitah sarva-buddhah prajnaparamitam-asritya-**anuttaram samyaksambodhim** abhisambuddhah.	All those who appear as Buddhas in the three periods of time fully awake to **the utmost, right and perfect Enlightenment** because they have relied on the Perfection of Wisdom.
12	Tasmaj jnatavyam: prajnaparamita **maha-mantro maha-vidya-mantro nuttara-mantro samasama-mantrah, sarva-duhkha-prasamanah**, satyam amithyatvat. Prajnaparamitayam ukto mantrah.	Therefore one should know the prajnaparamita as **the great spell, the spell of great knowledge, the utmost spell, the unequalled spell**, allayer of all suffering, in truth - for what could go wrong ? By the prajnaparamita has this spell been delivered.
13	Tadyatha: Gate gate paragate parasamgate bodhisvaha. Iti prajnaparamita-hridayam samaptam.	It runs like this: Gone, gone, gone beyond, gone altogether beyond, O what an awakening, all-hail!

（中文直譯）	玄奘漢譯本	比較結果
沒有無明，也沒有滅除無明。乃至於沒有衰敗死亡，也沒有滅除衰敗死亡。沒有苦集滅道。沒有**智**，沒有得，也沒有無得。	無無明，亦無無明盡，乃至無老死，亦無老死盡，無苦集滅道。無智亦無得。	無智亦無得的「智」，孔茲的翻譯是知識（cognition），而非智慧（wisdom），似乎是刻意區分兩種層次的智。
因此，舍利子！這是因為祂無所得的緣故，菩提薩埵依圓滿的智慧，安住在沒有種種思惟覆蓋的狀態下。**沒有種種的思惟覆蓋，就沒有了擔憂**，也就克服了讓人顛倒的事物，最後祂證入了涅槃的境界。	以無所得故，菩提薩埵依般若波羅蜜多故，**心無罣礙**，無罣礙故，無有恐怖，遠離顛倒**夢想**，究竟涅槃。	❶「沒有種種的思惟覆蓋」（the absence of thought-coverings）即是心無罣礙的意思。 ❷ 遠離顛倒夢想」這句話，在梵文裡並沒有「夢想」這兩個字，其原意是「克服了一切讓人顛倒的事物」，清晰明白。
在三世顯現為佛陀者，依據圓滿的智慧，所以徹底證得**究竟、正確、完美的覺知**。	三世諸佛，依般若波羅蜜多故，得阿耨多羅三藐三菩提。	孔茲對「阿耨多羅三藐三菩提」的翻譯是 the utmost, right and perfect Enlightenment，即「究竟、正確、完美的覺知」。
因此，人們應該知道般若波羅蜜多如同**偉大的咒語**，如同具有**偉大知識的咒語**，如同**最究竟的咒語**，如同**無與倫比的咒語**，可以滅除一切痛苦。這是真實的，哪裡有可能錯呢？藉著般若波羅蜜多，釋出（說出）這個咒語。	故知般若波羅蜜多，是大神咒，是大明咒，是無上咒，是無等等咒，能除一切苦，真實不虛。故說般若波羅蜜多咒。	請注意孔茲對大神咒、大明咒、無上咒、無等等咒的翻譯。
咒語是這樣唸：去吧！去吧！越過去了！全部都超越過去了！偉大的覺悟啊！為一切喝采！	即說咒曰：揭諦！揭諦！波羅揭諦！波羅僧揭諦！菩提薩婆訶！！	

追根究柢

15

德國學者孔茲的《心經》英譯本為什麼那麼盛行？

1

摩訶般若波羅蜜大明咒經

姚秦天竺三藏鳩摩羅什譯 （402~412）(大正藏 No. 250)

觀世音菩薩。行深般若波羅蜜時。照見五陰空。度一切苦厄。舍利弗。色空故無惱壞相。受空故無受相。想空故無知相。行空故無作相。識空故無覺相。何以故。舍利弗非色異空。非空異色。色即是空。空即是色。受想行識亦如是。舍利弗是諸法空相。不生不滅。不垢不淨。不增不減。是空法。非過去非未來非現在。是故空中。無色無受想行識。無眼耳鼻舌身意。無色聲香味觸法。無眼界乃至無意識界。無無明亦無無明盡。乃至無老死無老死盡。無苦集滅道。無智亦無得。以無所得故。菩薩依般若波羅蜜故。心無罣礙。無罣礙故無有恐怖。離一切顛倒夢想苦惱。究竟涅槃。三世諸佛依般若波羅蜜故。得阿耨多羅三藐三菩提。故知般若波羅蜜是大明咒。無上明咒。無等等明咒。能除一切苦真實不虛。故說般若波羅蜜咒即說咒曰
竭帝竭帝　波羅竭帝　波羅僧竭帝　菩提僧莎呵摩訶般若波羅蜜大明咒經

2

般若波羅蜜多心經

唐三藏法師玄奘譯 （649)(大正藏 No. 251)

觀自在菩薩。行深般若波羅蜜多時。照見五蘊皆空。度一切苦厄。舍利子。色不異空。空不異色。色即是空。空即是色。受想行識亦復如是。舍利子。是諸法空相。不生不滅。不垢不淨。不增不減。

是故空中無色。無受想行識。無眼耳鼻舌身意。無色聲香味觸法。
無眼界。乃至無意識界。無無明。亦無無明盡。乃至無老死。亦無
老死盡。無苦集滅道。無智亦無得。以無所得故。菩提薩埵。依般
若波羅蜜多故。心無罣礙。無罣礙故。無有恐怖。遠離顛倒夢想。
究竟涅槃。三世諸佛。依般若波羅蜜多故。得阿耨多羅三藐三菩
提。故知般若波羅蜜多。是大神咒。是大明咒。是無上咒。是無等
等咒。能除一切苦。眞實不虛故。説般若波羅蜜多咒即説咒曰

揭帝揭帝　般羅揭帝　般羅僧揭帝菩提僧莎訶般若波羅蜜多心經

3

普遍智藏般若波羅蜜多心經

摩竭提國三藏沙門法月重譯（739）(大正藏 No. 252)

如是我聞。一時佛在王舍大城靈鷲山中。與大比丘眾滿百千人。菩
薩摩訶薩七萬七千人俱。其名曰觀世音菩薩。文殊師利菩薩。彌勒
菩薩等。以爲上首。皆得三昧總持。住不思議解脫。爾時觀自在菩
薩摩訶薩在彼敷坐。於其眾中即從座起。詣世尊所。面向合掌曲躬
恭敬。瞻仰尊顏而白佛言。世尊。我欲於此會中。説諸菩薩普遍智
藏般若波羅蜜多心。唯願世尊聽我所説。爲諸菩薩宣祕法要。爾時
世尊以妙梵音。告觀自在菩薩摩訶薩言。善哉善哉具大悲者。聽汝
所説。與諸眾生作大光明。於是觀自在菩薩摩訶薩蒙佛聽許。佛所
護念。入於慧光三昧正受。入此定已。以三昧力行深般若波羅蜜多
時。照見五蘊自性皆空。彼了知五蘊自性皆空。從彼三昧安詳而
起。即告慧命舍利弗言。善男子。菩薩有般若波羅蜜多心。名普遍
智藏。汝今諦聽善思念之。吾當爲汝分別解説。作是語已。慧命舍
利弗白觀自在菩薩摩訶薩言。唯大淨者。願爲説之。今正是時。於

斯告舍利弗。諸菩薩摩訶薩應如是學。色性是空空性是色。色不異空空不異色。色即是空空即是色。受想行識亦復如是。識性是空空性是識。識不異空空不異識。識即是空空即是識。舍利子。是諸法空相。不生不滅不垢不淨不增不減。是故空中無色。無受想行識。無眼耳鼻舌身意。無色聲香味觸法。無眼界乃至無意識界。無無明亦無無明盡。乃至無老死亦無老死盡。無苦集滅道。無智亦無得。以無所得故。菩提薩埵依般若波羅蜜多故心無罣礙。無罣礙故無有恐怖。遠離顛倒夢想。究竟涅槃。三世諸佛依般若波羅蜜多故。得阿耨多羅三藐三菩提。故知般若波羅蜜多是大神咒。是大明咒。是無上咒。是無等等咒。能除一切苦眞實不虛。故説般若波羅蜜多咒。即説咒曰

揭諦揭諦　波羅揭諦　波羅僧揭諦　菩提莎婆訶

佛説是經已。諸比丘及菩薩眾。一切世間天人阿脩羅乾闥婆等。聞佛所説皆大歡喜。信受奉行。普遍智藏般若波羅蜜多心經

4

般若波羅蜜多心經

罽賓國三藏般若共利言等譯　（790）(大正藏 No. 53)

如是我聞。一時佛在王舍城耆闍崛山中。與大比丘眾及菩薩眾俱。時佛世尊即入三昧。名廣大甚深。爾時眾中有菩薩摩訶薩。名觀自在。行深般若波羅蜜多時。照見五蘊皆空。離諸苦厄。即時舍利弗承佛威力。合掌恭敬白觀自在菩薩摩訶薩言。善男子。若有欲學甚深般若波羅蜜多行者。云何修行。如是問已。爾時觀自在菩薩摩訶薩告具壽舍利弗言。舍利子。若善男子善女人行甚深般若波羅蜜多行時。應觀五蘊性空。舍利子。色不異空空不異色。色即是空空即

是色。受想行識亦復如是。舍利子。是諸法空相。不生不滅不垢不淨不增不減。是故空中無色。無受想行識。無眼耳鼻舌身意。無色聲香味觸法。無眼界乃至無意識界。無無明亦無無明盡。乃至無老死亦無老死盡。無苦集滅道。無智亦無得。以無所得故。菩提薩埵依般若波羅蜜多故心無罣礙。無罣礙故無有恐怖。遠離顛倒夢想。究竟涅槃。三世諸佛依般若波羅蜜多故。得阿耨多羅三藐三菩提。故知般若波羅蜜多是大神咒。是大明咒。是無上咒。是無等等咒。能除一切苦。真實不虛。故說般若波羅蜜多咒。即說咒曰

蘗諦　蘗諦　波羅蘗諦　波羅僧蘗諦菩提娑婆訶

如是舍利弗。諸菩薩摩訶薩於甚深般若波羅蜜多行。應如是行。如是說已。即時世尊從廣大甚深三摩地起。讚觀自在菩薩摩訶薩言。善哉善哉。善男子。如是如是。如汝所說。甚深般若波羅蜜多行。應如是行。如是行時一切如來皆悉隨喜。爾時世尊說是語已。具壽舍利弗大喜充遍。觀自在菩薩摩訶薩亦大歡喜。時彼眾會天人阿修羅乾闥婆等。聞佛所說皆大歡喜。信受奉行般若波羅蜜多心經

5

般若波羅蜜多心經

唐上都大興善寺三藏沙門智慧輪奉　詔譯（約860）(大正藏 No. 254)

如是我聞。一時薄誐梵。住王舍城鷲峰山中。與大苾芻眾。及大菩薩眾俱。爾時世尊。入三摩地。名廣大甚深照見。時眾中有一菩薩摩訶薩。名觀世音自在。行甚深般若波羅蜜多行時。照見五蘊自性皆空。即時具壽舍利子。承佛威神。合掌恭敬。白觀世音自在菩薩摩訶薩言。聖者。若有欲學甚深般若波羅蜜多行。云何修行。如是問已。爾時觀世音自在菩薩摩訶薩。告具壽舍利子言。舍利子。若

有善男子。善女人。行甚深般若波羅蜜多行時。應照見五蘊自性皆
空。離諸苦厄。舍利子。色空。空性見色。色不異空。空不異色。
是色即空。是空即色。受想行識。亦復如是。舍利子。是諸法性相
空。不生不滅。不垢不淨。不減不增。是故空中。無色。無受想行
識。無眼耳鼻舌身意。無色聲香味觸法。無眼界。乃至無意識界。
無無明。亦無無明盡。乃至無老死盡。無苦集滅道。無智證無得。
以無所得故。菩提薩埵。依般若波羅蜜多住。心無障礙。心無障礙
故。無有恐怖。遠離顛倒夢想。究竟寂然。

三世諸佛。依般若波羅蜜多故。得阿耨多羅。三藐三菩提。現成正
覺。故知般若波羅蜜多。是大真言。是大明真言。是無上真言。是
無等等真言。能除一切苦。真實不虛。故説般若波羅蜜多真言。即
説真言

唵誐帝誐帝。播囉誐帝。播囉散誐帝。冒地娑縛賀

如是舍利子。諸菩薩摩訶薩。於甚深般若波羅蜜多行。應如是學。
爾時世尊。從三摩地安祥而起。讚觀世音自在菩薩摩訶薩言。善哉
善哉。善男子。如是如是。如汝所説。甚深般若波羅蜜多行。應如
是行。如是行時。一切如來。悉皆隨喜。爾時世尊如是説已。具壽
舍利子。觀世音自在菩薩及彼眾會一切世間天人阿蘇囉巘馱嚩等。
聞佛所説。皆大歡喜。信受奉行般若波羅蜜多心經

6

般若波羅蜜多心經(燉煌石室本)

國大德三藏法師沙門法成譯 （856）(大正藏 No. 255)

如是我聞。一時薄伽梵住王舍城鷲峰山中。與大苾芻眾。及諸菩薩
摩訶薩俱。爾時世尊等入甚深明了三摩地法之異門。復於爾時。觀

自在菩薩摩訶薩。行深般若波羅蜜多時。觀察照見五蘊體性。悉皆
是空。時具壽舍利子。承佛威力。白聖者觀自在菩薩摩訶薩曰。若
善男子。欲修行甚深般若波羅蜜多者。復當云何修學。作是語已。
觀自在菩薩摩訶薩答具壽舍利子言。若善男子及善女人。欲修行甚
深般若波羅蜜多者。彼應如是觀察。五蘊體性皆空。色即是空。空
即是色。色不異空。空不異色。如是受想行識。亦復皆空。是故舍
利子。一切法空性。無相無生無滅。無垢離垢。無減無增。舍利
子。是故爾時空性之中。無色。無受。無想。無行。亦無有識。無
眼。無耳。無鼻。無舌。無身。無意。無色。無聲。無香。無味。
無觸。無法。無眼界。乃至無意識界。無無明。亦無無明盡。乃至
無老死。亦無老死盡。無苦集滅道。無智無得。亦無不得。是故舍
利子。以無所得故。諸菩薩眾。依止般若波羅蜜多。心無障礙。無
有恐怖。超過顛倒。究竟涅槃。三世一切諸佛。亦皆依般若波羅蜜
多故。證得無上正等菩提。舍利子。是故當知般若波羅蜜多大密咒
者。是大明咒。是無上咒。是無等等咒。能除一切諸苦之咒。眞實
無倒。故知般若波羅蜜多。是祕密咒。即說般若波羅蜜多咒曰
峩帝峩帝。波囉峩帝。波囉僧峩帝。菩提莎訶
舍利子。菩薩摩訶薩。應如是修學甚深般若波羅蜜多。爾時世尊從
彼定起。告聖者觀自在菩薩摩訶薩曰。善哉善哉。善男子。如是如
是。如汝所說。彼當如是修學般若波羅蜜多。一切如來。亦當隨
喜。時薄伽梵說是語已。具壽舍利子。聖者觀自在菩薩摩訶薩。一
切世間天人阿蘇羅乾闥婆等。聞佛所說。皆大歡喜。信受奉行般若
波羅蜜多心經

7

佛說聖佛母般若波羅蜜多經

西天譯經三藏朝奉大夫試光祿卿傳法大師賜紫臣施護奉　詔譯（980）（大正藏 No. 255）

如是我聞。一時世尊。在王舍城鷲峰山中。與大苾芻眾千二百五十人俱。并諸菩薩摩訶薩眾。而共圍繞。爾時世尊。即入甚深光明宣說正法三摩地。時觀自在菩薩摩訶薩在佛會中。而此菩薩摩訶薩。已能修行甚深般若波羅蜜多。觀見五蘊自性皆空。爾時尊者舍利子。承佛威神。前白觀自在菩薩摩訶薩言。若善男子善女人。於此甚深般若波羅蜜多法門。樂欲修學者。當云何學。時觀自在菩薩摩訶薩。告尊者舍利子言。汝今諦聽爲汝宣說。若善男子善女人。樂欲修學此甚深般若波羅蜜多法門者。當觀五蘊自性皆空。何名五蘊自性空耶。所謂即色是空即空是色。色無異於空。空無異於色。受想行識亦復如是。舍利子。此一切法如是空相。無所生。無所滅。無垢染。無清淨。無增長。無損減。舍利子。是故空中無色。無受想行識。無眼耳鼻舌身意。無色聲香味觸法。無眼界。無眼識界。乃至無意界。無意識界。無無明。無無明盡。乃至無老死。亦無老死盡。無苦集滅道。無智。無所得。亦無無得。舍利子。由是無得故。菩薩摩訶薩。依般若波羅蜜多相應行故。心無所著。亦無罣礙。以無著無礙故。無有恐怖。遠離一切顛倒妄想。究竟圓寂。所有三世諸佛。依此般若波羅蜜多故。得阿耨多羅三藐三菩提。是故應知。般若波羅蜜多。是廣大明。是無上明。是無等等明。而能息除一切苦惱。是即真實無虛妄法。諸修學者。當如是學。我今宣說般若波羅蜜多大明曰

怛[寧*也]他唵誐帝誐帝播囉誐帝播囉僧誐帝冒提莎賀

舍利子。諸菩薩摩訶薩。若能誦是般若波羅蜜多明句。是即修學甚

深般若波羅蜜多爾時世尊。從三摩地安詳而起。讚觀自在菩薩摩訶
薩言。善哉善哉。善男子。如汝所說。如是如是。般若波羅蜜多。
當如是學。是即真實最上究竟。一切如來亦皆隨喜。佛說此經已。
觀自在菩薩摩訶薩。并諸苾芻。乃至世間天人阿修羅乾闥婆等。一
切大眾。聞佛所說皆大歡喜。信受奉行佛說聖佛母般若波羅蜜多經

8

The Heart Sutra

穆勒譯(Friedrich Max Muller, 1884)

When Bodhisattva Avalokitesvara practices the profound Prajna-paramita, he intuitively realizes that the five aggregates(skandhas)are of Sunyata nature thus securing his deliverance from all distress and sufferings.

Sariputra, Form(rupa) does not differ from Sunyata, nor Sunyata from form. Form is identical with Sunyata (and) Sunyata is identical with form. So also are reception(vedana), conception(sanjna), mental conduct (samskara) and consciousness(vijnana) in relation to Sunyata.

Sariputra, the Sunyata nature of all things is neither created nor annihilated; neither impure nor pure; and neither increasing nor decreasing.

Therefore, in Sunyata, there is neither form(rupa), reception(vedana), conception(sanjna), mental conduct(samskara), nor consciousness(vijnana); there is neither eye, ear, nose, tongue, body nor mind; there is neither form, sound, odor, flavor, feeling nor idea; there are no such things as the eighteen realms of sense(dhatus) from the realm of sight up to that of the faculty of mind(vijnana).

There are no such things as the twelve links in the chain of existence (nidanas) from ignorance(avidya) with also the end of ignorance up to old age and death(jaramarana) with also the end of old age and death; there are no (such things as) the four noble truths and there is neither Wisdom nor obtainment.

Because of no obtainment, Bodhisattvas who rely on Prajna-paramita, have no hindrance in their minds, and since they have no hindrance, they have no fear, are free from perversive and delusive ideas and attain the Ultimate

Nirvana.

All Buddhas of the past, present and future attain the Full Enlightenment (anuttara-samyak-sambodhi) by relying on Prajna-paramita.

So we know that Prajna-paramita is the great supernatural Mantra, the great bright, unsurpassed and unequalled Mantra which can truly and without fail wipe out all sufferings.

Therefore, He uttered the Prajna-paramita mantra which reads: Gate, Gate, Paragate, Parasamgate Bodhi Svaha!

9

The Heart Sutra

孔茲譯(Edward Conze, 1967)

Homage to the Perfection of Wisdom, the Lovely, the Holy!

Avalokita, the Holy Lord and Bodhisattva, was moving in the deep course of the Wisdom which has gone beyond.

He looked down from on high, He beheld but five heaps, and He saw that in their own-being they were empty.

Here, O Sariputra, form is emptiness and the very emptiness is form ; emptiness does not differ from form, form does not differ from emptiness, whatever is emptiness, that is form, the same is true of feelings, perceptions, impulses, and consciousness.

Here, O Sariputra, all dharmas are marked with emptiness ; they are not produced or stopped, not defiled or immaculate, not deficient or complete.

Therefore, O Sariputra, in emptiness there is no form nor feeling, nor perception, nor impulse, nor consciousness ; No eye, ear, nose, tongue, body, mind ; No forms, sounds, smells, tastes, touchables or objects of mind ; No sight-organ element, and so forth, until we come to : No mind-consciousness element.

There is no ignorance, no extinction of ignorance, and so forth, until we come to : There is no decay and death, no extinction of decay and death. There is no suffering, no origination, no stopping, no path. There is no cognition, no attainment and no non-attainment.

Therefore, O Sariputra, it is because of his non-attainmentness that a Bodhisattva, through having relied on the Perfection of Wisdom, dwells without thought-coverings. In the absence of thought-coverings he has not been made to tremble, he has overcome what can upset, and in the end he attains to Nirvana.

All those who appear as Buddhas in the three periods of time fully awake to the utmost, right and perfect Enlightenment because they have relied on the Perfection of Wisdom.

Therefore one should know the prajnaparamita as the great spell, the spell of great knowledge, the utmost spell, the unequalled spell, allayer of all suffering, in truth -- for what could go wrong ? By the prajnaparamita has this spell been delivered.

It runs like this : gate gate paragate parasamgate bodhi svaha.

(Gone, gone, gone beyond, gone altogether beyond, O what an awakening, all-hail !)

This completes the Heart of perfect Wisdom.

The Heart Sutra

Geshe Thupten Jinpa 所譯的藏譯英心經，取自達賴喇嘛所著《心經的本質》
(*Essence of the Heart Sutra*, Wisdom Pulications, Boston, 2002) 一書。

The Blessed mother, the Heart of the Perfection of Wisdom.

In SANSKRTT: Bbagavati Prajna Paramita Hridaya

THUS HAVE I ONCE HEARD:

The Blessed One was staying in Rajgriha at Vulture Peak along with a great community of monks and a great community of bodhisattvas, and at that time, the Blessed One entered the meditative absorption on the varieties of phenomena called the appearance of the profound. At the time as well, the noble Avalokiteshvara, the bodhisattva, the great being, clearly beheld the practice of the profound perfection of wisdom itself and saw that even the five aggregates are empty of intrinsic existence.

Thereupon, through the Buddha's inspiration, the venerable Shariputra spoke to the noble Avalokiteshvara, the bodhisattva, the great being, and said, "How should any noble son or noble daughter who wishes to engage in the practice of the profound perfection of wisdom train?"

When this had been said, the holy Avalokiteshavara, the bodhisattva, the great being, spoke to the venerable Shariputra and said, "Shariputra, any noble son or noble daughter who so wishes to engage in the practice of the profound perfection of wisdom should clearly see this way: they should see perfectly that even the five aggregates are empty of intrinsic existence. Form is emptiness, emptiness is form: emptiness is not other than form, form too is not other than emptiness. Likewise, feelings, perceptions, mental

附錄

243

formations, and consciousness are all empty. Therefore, Shariputra, all phenomena are emptiness; they are without defining characteristics; they are not born, they do not cease; they are not defiled, they are not undefiled; they are not deficient, and they are not complete.

"Therefore, Shariputra, in emptiness there is on form, no feelings, no perceptions, no mental formations, and no consciousness. There is no eye, no ear, no nose, no tongue, no body, and no mind. There is no form, no sound, no smell, no taste, no texture, and no mental objects. There is no eye-element ad so on up to no mind-element including up to no element of mental consciousness. There is no ignorance, there is no extinction of ignorance, and so on up to no aging and death and no extinction of aging and death. Likewise, there is no suffering , origin, cessation, or path; there is no wisdom, no attainment, and even no non-attainment.

"Therefore, Shariputra, since bodhisattvas have no attainments, they rely on this perfection of wisdom and abide in it. Having no obscuration in their minds, they have no fear, and by going utterly beyond error, they will reach the end of nirvana. All the buddhas too who abide in the three times attained the full awakening of unexcelled, perfect enlightenment by relying on this profound perfection of wisdom.

"Therefore, one should know that the mantra of the perfection of wisdom —the mantra of great knowledge, the unexcelled mantra, the mantra equal to the unequalled, the mantra that quells all suffering—is true because it is not deceptive. The mantra of the perfection of wisdom is proclaimed. tadyatha gate gate paragate parasamgate bodhi svaha!
Shariputra, the bodhisattvas, the great beings, should train in the perfection of wisdom in this way."

Thereupon, the Blessed One arose from that meditative absorption and commended the holy Avalokiteshvara, the bodhisattva, the great being, saying this is excellent. "Excellent! Excellent! O noble child, it is just so; it should be just so. One must practice the profound perfection of wisdom just as you have revealed. For then even the tathagatas will rejoice."

As the Blessed One uttered these words, the venerable Shariputra, the holy Avalokiteshvara, the bodhisattva, the great being, along with the entire assembly, including the worlds of gods, humans, asuras, and gandharvas, all rejoiced and hailed what the Blessed One had said.

圖解系列 **BB1001**

圖解心經

作　　者　　張宏實
主　　編　　顏素慧
封面設計　　邱梁城
版面構成　　舞陽美術・張淑珍
插　　畫　　王佩娟
圖表繪製　　張淑珍
協力編輯　　釋見徹・許經緯

發 行 人　　蘇拾平
總 編 輯　　周本驥
副總編輯　　顏素慧
行　　銷　　黃文慧
出　　版　　橡實文化
發　　行　　大雁文化事業股份有限公司
地　　址　　臺北市重慶南路一段121號5樓之10
電　　話　　(02) 2311-3678
傳　　真　　(02) 237-55637
劃撥帳號　　19983379
　　　　　　戶名 大雁文化事業股份有限公司
讀者服務信箱　andbooks@andbooks.com.tw
讀者傳真服務　(02) 2375-5637

印　　刷　　成陽印刷股份有限公司
出版日期　　2006年10月
刷　　次　　初版一刷
定　　價　　360元

ISBN-13　　978-986-82612-1-1

國家圖書館出版品預行編目資料

圖解心經 / 張宏實著.—初版.—臺北市：
橡實文化出版：大雁文化發行, 2006 [民 95]
248 面；17 x 22 公分.
ISBN 978 - 986 - 82612-1-1（精裝）

1. 般若部
221.45　　　　　　　　　　　　95016547